»Der Freischütz«

Tatort: Oper

Der Fall des Jägerburschen Max
oder Webers

»Der Freischütz«
im Lichte der strafrechtlichen Wahrheit

Eine Kriminalsatire
über eine deutsche Volksoper

von

Dieter Schipper
Leitender Polizeidirektor

RICHARD BOORBERG VERLAG
STUTTGART · MÜNCHEN · HANNOVER · BERLIN · WEIMAR

Textstellen nach »Der Freischütz«
Universal-Bibliothek Nr. 2530
Reclam, Ditzingen, 1986

Handlung der Oper nach
»Opern- und Operettenführer«
1985 by Edizione Pegasus, Locarno

Abbildungen:
Archiv für Kunst und Geschichte (S. 10, 27)
Historia-Photo (S. 52)
»Orphea-Taschenbuch für 1824. Mit 8 Kupfern
zum Freischütz von Ramberg.« E. Fleischer, Leipzig
(S. 20, 42, 48)

Die Deutsche Bibliothek – CIP-Einheitsaufnahme

Schipper, Dieter:
Der Fall des Jägerburschen Max oder Webers »Der Freischütz« im Lichte der strafrechtlichen Wahrheit : eine Kriminalsatire über eine deutsche Volksoper / von Dieter Schipper. – Stuttgart ; München ; Hannover ; Berlin ; Weimar : Boorberg, 1992
(Tatort: Oper)
ISBN 3-415-01776-1

Satz und Druck: C. Maurer, Geislingen
Verarbeitung: Dollinger GmbH, Metzingen

Vorwort

Zwischen der Dichtung, einschließlich der Opernliteratur, und dem Recht gibt es vielfache Verbindungen. Seit jeher ist der Rechts- und Gerichtsfall bevorzugter Gegenstand dichterischer Gestaltung (Kaufmann, in NJW 1982, S. 606). Als Beispiele drängen sich Klassiker wie »Antigone«, »Räuber« oder »Dreigroschenoper« regelrecht auf.

Aber auch die Oper ist nicht frei von Verstößen gegen die Rechtsordnung. Mord und Totschlag bilden z. B. die Höhepunkte in »Carmen«, »Bajazzo«, »Othello« und (!) »Salome«. Die Taten von Siegfried und Co. in Wagners Musikdrama »Der Ring des Nibelungen« begründen wenigstens fünfmal lebenslänglich und mindestens 90 Jahre Freiheitsstrafe.

Eine Untersuchung der Oper als klassischer Kriminalfall bietet sich daher förmlich an.

Um so erstaunlicher ist, daß Opernfiguren bislang von strafrechtlicher Bewertung weitgehend verschont worden sind. Lediglich Gustav Radbruch (»Das Strafrecht der Zauberflöte«) und Ernst von Pidde (»Richard Wagners ›Ring des Nibelungen‹ im Lichte des deutschen Strafrechts« haben sich der Vorgänge in diesen Opern rechtlich angenommen.

Nun drängt sich »Der Freischütz« nicht besonders als »Mord- und Totschlag-Oper« auf. Da gibt es ganz andere Kaliber!

Es sind vielmehr die verworrene Handlung, die Motivlage, das Wirken »finsterer Mächte« und – aus Gründen der Aktualität – der Umweltschutz, die eine Beurteilung in strafrechtlicher Hinsicht herausfordern.

Allerdings werden erfahrene Juristen spätestens zum Schluß merken, daß die Arbeit nicht im Gutachtenstil verfaßt ist. Das ist gewollt. Schließlich dürfen alle Freunde des »Freischütz« eine von Formalismus und von Rechtsdogmatik freie Antwort auf die brennende Frage erwarten, ob der Jägerbursche Max nun ein Bösewicht ist oder nicht.

Eutin, im September 1992 Dieter Schipper

Inhalt

Zum Geleit

»Mag auch die That gespielet seyn,
das Rechte holt die Oper eyn«*

* Ausspruch des großen Eutinischen Rechtsgelehrten Johan-Hinnerk Foss (1801–1871), von Januar bis Februar 1831 Kulturjustitiar am Eutiner Hof, wegen des obigen Satzes entlassen, später gnadenhalber rehabilitiert und zum Präsidenten eines Opern-Ehrengerichts für Oldenburg-Holstein berufen.

Hauptwerk: »Zum Schutz und zur Hülfe der Unterthanen vor den bösen Gewaltthätitgkeiten in der Oper und dem Erforderniß der Verfolgung und Bestrafung der Uebelthäter durch Gefängniß, Singverbot und Züchtigung« (1860).

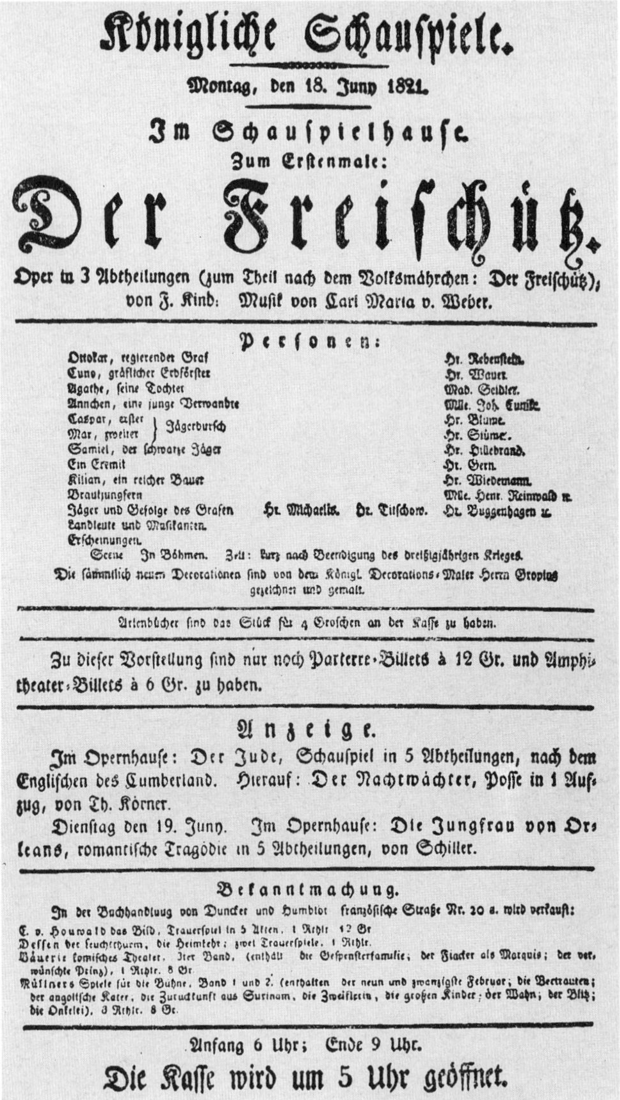

Königliche Schauspiele.

Montag, den 18. Juny 1821.

Im Schauspielhause.

Zum Erstenmale:

Der Freischütz.

Oper in 3 Abtheilungen (zum Theil nach dem Volksmährchen: Der Freischütz), von F. Kind: Musik von Carl Maria v. Weber.

Personen:

Ottokar, regierender Graf		Hr. Rebenstein.
Cuno, gräflicher Erbförster		Hr. Wauer.
Agathe, seine Tochter		Mad. Seidler.
Annchen, eine junge Verwandte		Mlle. Joh. Eunike.
Caspar, erster Jägerbursch		Hr. Blume.
Max, zweiter Jägerbursch		Hr. Stümer.
Samiel, der schwarze Jäger		Hr. Hillebrand.
Ein Eremit		Hr. Gern.
Kilian, ein reicher Bauer		Hr. Wiedemann.
Brautjungfern		Mlle. Henr. Reinwald rc.
Jäger und Gefolge des Grafen	Hr. Michaelis. Hr. Tilschow.	Hr. Buggenhagen rc.
Landleute und Musikanten.		
Erscheinungen.		

Scene In Böhmen. Zeit: kurz nach Beendigung des dreißigjährigen Krieges.

Die sämmtlich neuen Decorationen sind von dem Königl. Decorations-Maler Herrn Gropius gezeichnet und gemalt.

Arienbücher sind das Stück für 4 Groschen an der Kasse zu haben.

Zu dieser Vorstellung sind nur noch Parterre-Billets à 12 Gr. und Amphitheater-Billets à 6 Gr. zu haben.

Anzeige.

Im Opernhause: Der Jude, Schauspiel in 5 Abtheilungen, nach dem Englischen des Cumberland. Hierauf: Der Nachtwächter, Posse in 1 Aufzug, von Th. Körner.

Dienstag den 19. Juny. Im Opernhause: Die Jungfrau von Orleans, romantische Tragödie in 5 Abtheilungen, von Schiller.

Bekanntmachung.

In der Buchhandlung von Duncker und Humblot französische Straße Nr. 20 a. wird verkauft:

E. v. Houwald das Bild, Trauerspiel in 5 Akten. 1 Rthlr. 12 Gr.
Dessen der Leuchtthurm, die Heimkehr; zwei Trauerspiele. 1 Rthlr.
Bäuerle komisches Theater. 3ter Band. (enthält die Gespensterfamilie; der Fiacker als Marquis; der verwünschte Prinz). 1 Rthlr. 8 Gr.
Müllners Spiele für die Bühne. Band 1 und 2. (enthalten der neun und zwanzigste Februar; die Vertrauten; der angolische Kater; die Zurückkunft aus Surinam; die Zweiflerin; die großen Kinder; der Wahn; der Blitz; die Onkelei). 3 Rthlr. 8 Gr.

Anfang 6 Uhr; Ende 9 Uhr.

Die Kasse wird um 5 Uhr geöffnet.

Theaterzettel der Berliner Uraufführung des *Freischütz* am 18. Juni 1821.

Einleitung

Der Komponist Carl Maria v. Weber wurde am 19. November 1786 in Eutin geboren. Obwohl sein späteres Wirken nicht in unmittelbarer Beziehung zu seiner Geburtsstadt zu sehen ist, gilt er selbstverständlich für die Eutiner als großer Sohn der Stadt.

Ebenso selbstverständlich hat sich seine (Volks)-Oper »Der Freischütz« dank der Sommerspiele auf der herrlichen Freilichtbühne zu einer »Eutiner Oper« gemausert und das Werk einem breiten Publikum erschlossen.

Nicht nur bei den Opernfans gilt »Der Freischütz« als die schönste deutsche Volksoper. Nur – haben die begeisterten Besucher der Eutiner Sommerspiele und zunehmend auch der Dresdner Semperoper, die vorwiegend aus Wanne-Eickel, Castrop-Rauxel und Wattenscheid anreisen, jemals das Textbuch des *Freischütz* gelesen? Sicherlich nicht! Denn sonst hätte sich ihnen mit Gewißheit eine Handlung erschlossen, die an Verworrenheit die (inzwischen abgesetzte!) Fernseh-Show »Nase vorn« in den Schatten stellt und an krimineller Energie den Thriller »Der wahnsinnige Highway-Killer« bei weitem übertrifft.

Insoweit lohnt sich eine kriminalistische und strafrechtliche Prüfung des *Freischütz*. Das Ergebnis wird beweisen, daß diese Oper eigentlich auf den Index für jugendgefährdende Schriften und nicht auf die Bühnen der Welt gehört!

Und das sind die Höhepunkte der Oper: Seit der Uraufführung des *Freischütz* am 18. Juni 1821 in Berlin knallen auf den Bühnen der Welt die Jagdbüchsen, wird vor den Augen des Publikums

Natur- und Umweltfrevel begangen, wird ein Mensch erschossen und das Recht zum Vorteil des Täters gebeugt!

Wo bleibt der Protest? Wo bleibt die Polizei? Solche Fragen stellen sich nicht nur rechtsbewußte Bürger! Um so erstaunlicher ist, daß in der heutigen Zeit, in der bereits ruhestörender Lärm, der Diebstahl versicherter (!) Autoradios oder ein harmloser Kokelbrand auf der Mülldeponie von Kasseedorf (einem Dorf in der Nähe der Wolfsschlucht als dem ursprünglichen Tatort) von der Öffentlichkeit als »unerträgliche Gefährdung der inneren Sicherheit« angeprangert werden, Tausende neugierig zum *Freischütz* strömen, wohlwissend, daß in der Aufführung die Rechtsordnung in schwerwiegendster Weise verletzt werden wird.

Das kriminelle Geschehen erscheint dabei derart fesselnd, daß selbst die von der Bühne ausgehenden Taten von den Besuchern mit völlig unverständlicher Fassung sowie stillschweigender Duldung und Einwilligung ertragen werden.

So wird aus dem Münchner Isartor-Theater zur berühmtberüchtigten Wolfsschlucht-Szene folgendes berichtet:

> *Fünfzig Grenadiere treten auf, laden ihre Gewehre mit Kugeln und zielen damit aufs Publikum und setzen dadurch auch diejenigen, die sich wirklich noch nicht fürchten, in wirkliche Furcht. (Vorher werden alle Ausgänge versperrt).*
> *Die letzte Galerie fällt unter schrecklichem Gekrach ein, die Gequetschten schreien entsetzlich. Hinter der Kulisse bricht Feuer aus. Donnerschlag. Der Vorhang fällt.*

Dieser wohl makaberste Fall einer *Freischütz*-Aufführung ist quellenmäßig verbürgt durch den Bericht »Die Publikumsbeschießung«, in: Vierteljahresschrift über »Operngefahren« Nr. 3/1822.

Die Weber-Forschung vermochte bislang nicht den überzeugenden Beweis anzutreten, daß der *Freischütz* bereits Gegenstand strafrechtlicher Beurteilung gewesen ist. Das mag mit den bisher vertretenen Auffassungen zusammenhängen, daß das Geschehen strafrechtlich deshalb nicht relevant sei, weil der Tatort ursprünglich in Böhmen und damit außerhalb des örtlichen Geltungsbereichs des deutschen Strafrechts gelegen hat. Überdies seien alle Tatbeteiligten längst tot.

Diese Beurteilung übersieht, daß nach der von Ernst von Pidde begründeten Auffassung, die Taten mit jeder Aufführung erneut begangen werden. Daraus hat die moderne Strafrechtslehre die sogenannte »Wiederauferstehungstheorie von Kunstfiguren« als »beherrschende« Lehre entwickelt.

Damit steht auch der Grundsatz »Crimina morte extinguntur«, wonach Verbrechen mit dem Tod getilgt seien, einer Bestrafung der *Freischütz*-Täter nicht entgegen.

Nun könnte eingewendet werden, daß auch in vielen anderen Opern getötet wird. Gerade das ist jedoch nicht immer offenkundig. Oft wird der Tod allenfalls ausgerufen (»Du hast mich getötet«), lediglich angedeutet (z. B. durch den Gebrauch eines Holzmessers) oder als Todesbegehren (singend!) erbeten. Darauf hat mit folgendem Beispiel aus der »Entführung aus dem Serail« insbesondere Ernst von Pidde hingewiesen:

> *Und die Hälse schnüren zu, schnüren zu, schnüren zu, schnüren zu, schnüren zu, schnüren zu, ...*

Insgesamt wird 17mal um »Schnüren« gebeten.

Jeder potentielle Schnür-Würger hätte schon längst Lachkrämpfe bekommen.

Für das *Freischütz*-Publikum gibt es demgegenüber kaum etwas zu lachen; vielmehr dürfte den meisten Zuhörern das Lachen vergehen.

Mahnung der Opernbesucher ist daher geboten. Schließlich bedroht § 138 Strafgesetzbuch die Nichtanzeige bestimmter, geplanter Straftaten mit Freiheitsstrafe. Dazu gehören auch Tötungsdelikte. Dieser Umstand ist zu bedenken, da im *Freischütz* ein Mensch als Opfer zu beklagen ist. Der strafrechtlichen Bedeutung dieses Geschehens scheinen sich die Besucher kaum bewußt zu sein. Insoweit sind die folgenden rechtlichen Bewertungen auch als Warnung für Opernbesucher zu verstehen, weil Nichtanzeige von Tötungsdelikten strafbar ist und Szenenbeifall für Opernakteure als psychische Beihilfe gemäß § 27 Strafgesetzbuch zu bewerten ist.

Handlung und Tatkomplexe

Die Handlung des *Freischütz* ist in einem sogenannten Libretto, zu deutsch auch »Tatplan« oder »Stenogramm des Verbrechens« festgelegt. Geistiger Urheber in bezug auf die *Freischütz*-Taten ist der frühere Rechtsanwalt (!) Friedrich Kind (1768–1843). Seine strafrechtliche Beurteilung entfällt, da sich eine strafrechtliche Anstiftung gemäß § 26 Strafgesetzbuch auf real bestimmte Handlungen, nicht auf Begehung von Delikten im allgemeinen, beziehen muß. Überdies ist er tot und nicht »Kunstfigur« im oben begründeten Sinne.

Die allgemeinen Rahmenbedingungen des *Freischütz,* wie Massenszenen und Büchsenknallen, werden als bekannt vorausgesetzt, da sie häufig Vorlage und Vorbild für Spielfilme gewesen sind, zuletzt in »Die glorreichen Sieben«.

Im Mittelpunkt des eigentlichen Geschehens steht der Freischütz. »Freischütz« ist nach dem Duden »die Gestalt eines Mannes, der mit Freikugeln schießt«. Daran anknüpfend ist »Freikugel« eine »vom Teufel gegossene Flintenkugel, die mit Sicherheit trifft«.

Angesichts dieser offenkundigen Definition ist um so erstaunlicher, daß einer Allensbach-Umfrage von 1987 zufolge immerhin 67,3 % der passionierten *Freischütz*-Besucher mit dem Begriff »Freischütz« eine Art Amokschützen verbinden, der sich nach Meinung der Befragten seinen Weg (zu Agathe?) »frei« schießt.

Freischütz und Verbrechen sind damit Synonyme. Selbst Hitchcock hätte keinen besseren Titel für diese Oper finden können.

Im Mittelpunkt des strafrechtlichen Geschehens stehen folgende Gestalten:

- Max, Jägerbursche mit Liebeskummer und designierter Freischütz,
- Agathe, Schützenliesel, zugleich Hauptgewinn beim Schützenfest, von Max umworben, obwohl schizophren, da sie sich für eine Taube hält,
- Samiel, eine Art Guru oder Möchtegern-Teufel, tritt als mittelständischer Produzent von Freikugeln auf, im Dunstkreis des Verbrechens meist unsichtbar,
- Kaspar, als Jägerbursche verkleideter Generalagent von Samiel mit Einzelprokura für Handelsgeschäfte mit Freikugeln und Seelen.

Und so soll sich das Geschehen nach dem Tatplan von Goldfinger-Kind im Einzelfall abspielen:

1. Tatphase: Beim Preisschießen ist der Bauer Kilian Schützenkönig geworden, nicht der Jägerbursche Max. Dem verzweifelten Max redet der Förster Kuno gut zu, aber vergeblich; denn wenn er demnächst bei dem herkömmlichen Probeschuß versagt, muß er auf Kunos Tochter und die Nachfolge als Förster verzichten.

Da bietet sich ihm der finstere Jägerbursche Kaspar als Helfer an: mit einer seiner »Freikugeln« läßt er Max, den er zuvor trunken gemacht hat, einen mächtigen Steinadler vom nächtlichen Himmel schießen. Nun hat er Kaspar so weit: dieser verspricht, um Mitternacht zur Wolfsschlucht zum Gießen von Freikugeln zu kommen.

2. Tatphase: Zur geliebten Agathe und ihrer schalkhaften Verwandten Ännchen kommt auf einen Augenblick Max. Er ist unruhig und redet sich aus, daß er in der Wolfsschlucht noch einen erlegten Hirsch holen müsse. Die Mädchen wollen

ihn hindern, die verrufene Wolfsschlucht aufzusuchen, doch er reißt sich los.

Verwandlung. Kaspar ruft in der Wolfsschlucht den wilden Jäger um Beistand an. Dann erscheint Max. Dieser glaubt, seine tote Mutter und Agathe warnend vor sich zu sehen, macht sich aber von dieser Vorstellung los und gießt mit Kaspar Freikugeln: davon treffen sechs unfehlbar, aber die siebente gehört dem Bösen.

3. Tatphase: Um sich beim Fürsten in gutes Licht zu setzen, hat Max fast alle Freikugeln beim Jagen verschossen. Nun bittet er Kaspar um die seinen. Doch der verschießt seine Kugeln auf kleines Getier. Für Max bleibt nur die unheilvolle siebente Kugel.

Verwandlung. Von trüben Ahnungen gequält sitzt Agathe im Forsthaus. Auch die Scherze Ännchens bewirken bei ihr nichts. Die Brautjungfern nahen, aber statt der Brautkrone bringt man Agathe aus Versehen eine Totenhaube.

Verwandlung: Max muß nun den Probeschuß tun. Doch an Stelle des vom Fürsten gewiesenen Ziels (eine weiße Taube) trifft die siebente Freikugel den Kaspar. Max soll wegen des sündhaften Kugelgießens verbannt werden. Doch ein alter Eremit überzeugt den Fürsten, daß der Brauch des Probeschusses zu solchen bösen Machenschaften verleiten könne; »drum finde nie der Probeschuß mehr statt«. Max soll sich ein Jahr lang bewähren als der, der er immer war. – Allgemeiner froher Jubel.

Nun – empfinden auch Sie solchen Jubel oder erinnert Sie das Geschehen doch mehr an den »Dallas-J. R.« oder das »Denver-Biest«? Sollte deshalb Ihr Bewußtsein von Recht und Gerechtigkeit eine Bestrafung der »Freikugel-Gang« verlangen, muß aus rechtsstaatlichen Gründen eine Untersuchung der einzelnen Tatkomplexe vorangehen, die sich wie folgt herausbilden:

a) Im Rahmen der Vorbereitung auf das »Agathe-Preisschießen« testet Max die ballistischen Eigenschaften einer Freikugel und schießt dabei einen geschützten Steinadler ab,

b) Max und Kaspar errichten im Wald der Wolfsschlucht ohne Genehmigung des Landrats eine Produktionsstätte für Freikugeln unter Verwendung von Schwermetallen,

c) Max bringt es fertig, Kaspar zu erschießen, obwohl er eine weiße Taube im Visier hatte, die in Wirklichkeit Agathe gewesen sein soll.

Diese Komplexe werden nachfolgend rechtlich bewertet.

Tatkomplex:
Abschuss des Steinadlers

Den Hintergrund der Tat belegt das Libretto als Indizienbeweis gemäß § 244 der Strafprozeßordnung.

Im Bemühen, den Jägerburschen Max rein seelenmäßig an Samiel zu binden, schwärmt Kaspar von

> **»gewissen unschuldigen Jagdkünsten«**

und bietet sich an, Max

> **»zu einem recht glücklichen Schuß«**

wie folgt zu verhelfen:

> **»Da, da! Siehst du den Stößer** *(Sperber)* **dort? Schieß!** *(Max berührt wie im Zweifel den Stecher, das Gewehr geht los. Ein mächtiger Steinadler stürzt tot zu Maxens Füßen).*

Der Abschuß des Steinadlers wiegt schwer, insbesondere angesichts der lobenswerten gesamtdeutschen Bemühungen zur Aufzucht und Pflege des Seeadlers.

Schließlich ist zu bedenken: da ist nicht irgendein Getier vom Himmel geholt, sondern ein – Adler!! Der König der Lüfte, das Symbol imperialen Herrschaftsanspruchs, das Attribut göttlicher Macht und das Hoheitsabzeichen der Bundesrepublik Deutschland! Welch eine schreckliche Tat!

Durch diese Handlung hat Max möglicherweise gegen Bestimmungen des Jagdrechts, des Strafgesetzbuches, des Waffengesetzes und des Tierschutzgesetzes verstoßen.

Gemäß § 22 Bundesjagdgesetz handelt es sich bei einem Steinadler um ein jagdbares Wild mit

Szenenillustration zum ersten Aufzug des *Freischütz* in einem Stich von Friedrich Wilhelm Meyer nach Heinrich Ramberg.

ganzjähriger (!) Schonzeit (also auch während der Winterspielzeit der Bühnen). Es besteht ein absolutes Jagdverbot.

Aus diesem Grunde erfüllt Max den Tatbestand des § 38 Bundesjagdgesetz, weil er »den Vorschriften über die Schonzeit zuwiderhandelt«. Damit hat Max eine Freiheitsstrafe von bis zu fünf Jahren verwirkt.

Offen bleibt ein Verstoß gegen § 2 Bundeswildschutzverordnung (BWildSchV), weil das Libretto nicht eindeutig ausweist, ob sich Max den Steinadler auch aneignet. Daß Kaspar dem Adler einige der größten Federn ausrauft und diese mit den Worten

»So, Kamerad, dies als Siegeszeichen«

auf Maxens Hut steckt, ist Max nicht anzulasten. Daß Kaspar schließlich vor dem Kugelgießen einen abgehauenen Adlerflügel bereitlegt (2. Aufzug, 4. Auftritt) und das Feuer mit dem Adlerflügel anfacht (2. Aufzug, 6. Auftritt), läßt nicht ohne weiteres auf eine »Aneignung« z. B. für ein Adler-Steak schließen.

Eine Jagdwilderei nach § 292 Strafgesetzbuch dürfte nicht einschlägig sein, da beim Vorliegen einer Tat durch einen Jagdausübungsberechtigten nach § 38 Bundesjagdgesetz eine Jagdwilderei tatbestandsmäßig ausscheidet.

Dadurch, daß Max die Tat mittels einer Waffe begangen hat, könnte weiterhin ein Vergehen nach § 35 Waffengesetz vorliegen. Diese Bestimmung bedroht mit Freiheitsstrafe bis zu drei Jahren das Führen einer Waffe ohne Erlaubnis.

Zwar bedarf Max nach § 35 Abs. 4 Waffengesetz keines Waffenscheins zur »befugten Jagdausübung«. Durch den Umstand allerdings, daß er ein sog. Schonzeitvergehen nach dem Bundesjagdgesetz begeht, wird seine Waffenscheinpflicht begründet. Es wird unterstellt, daß Max behördlicherseits ein Waffenschein nicht ausgestellt worden ist.

Letztlich ist § 17 Tierschutzgesetz verletzt, da Max durch das Abschießen des Steinadlers ein Wirbeltier einer ganzjährig geschützten Art »ohne vernünftigen Grund« getötet hat. Jedenfalls kann der ballistische Test einer Freikugel als Schießtraining für das weitere Werben um Agathe kein »vernünftiger Grund« i. S. des Gesetzes sein.

Hinzu kommt, daß in Deutschland nur noch in den Alpen schätzungsweise ca. 15 Paare des Aquila chrysaetos leben sollen. Dieser geringe Bestand würde gerade für ca. 30 *Freischütz*-Aufführungen reichen. Insoweit ist der Steinadler akut vom Aussterben bedroht. Damit ist § 17 Tierschutzgesetz tatbestandsmäßig erfüllt.

Insgesamt hat Max die Tatbestände der §§ 38 Bundesjagdgesetz, 35 Waffengesetz und 17 Tierschutzgesetz verletzt.

Ein Verstoß gegen § 90 a Strafgesetzbuch, wonach u. a. strafbar ist, wer öffentlich das Wappen der Bundesrepublik Deutschland verunglimpft, dürfte ausscheiden, da die Tötung eines Adlers nicht zugleich die Verunglimpfung des Bundesadlers als Wappentier darstellt. Hätte Max jedoch den Adler ausstopfen lassen, wozu er durch Kaspar im 1. Aufzug, 5. Auftritt wie folgt angeregt wurde:

> ***»Kannst ihn ausstopfen lassen, Bruder,***
> ***für ein Naturalienkabinett«,***

und den solcherart präparierten Vogel hinter Gittern öffentlich ausgestellt, um damit gegen die staatliche Auffassung von Fürst Ottokar zu protestieren:

> ***»Indes, alte Gebräuche** (der Probeschuß)*
> ***muß man ehren«,***

könnte § 90a Strafgesetzbuch nach Maßgabe der Rechtsprechung durchaus verletzt sein.

Fraglich ist nun, ob Max die vorstehend nachgewiesenen tatbestandsmäßigen Handlungen auch schuldhaft begangen hat.

Hinsichtlich der Schuldfähigkeit wäre man möglicherweise geneigt, den § 20 Strafgesetzbuch (im Volksmund sog. »Jagdschein-Paragraph«) anzuwenden, da Max infolge Trunkenheit möglicherweise »unfähig war, das Unrecht der Tat einzusehen oder nach dieser Einsicht zu handeln«. Schließlich merkt man Max nach gemeinsamem Trunke mit Kaspar

> ***»von jetzt eine gewisse Heftigkeit an,***
> ***einem leichten, aber bösen Rausch gleich!«***

Es mag insoweit angehen, daß Max zur Zeit der Tat betrunken war. Der Beweis allerdings fehlt, da polizeilicherseits eine Blutprobe nicht entnommen wurde (aus Personalmangel?). Schließlich müssen Zweifel erlaubt sein, ob bei Max überhaupt eine Blutalkoholkonzentration von drei Promille und mehr vorgelegen hätte, da erst ab diesem Wert die Rechtsprechung i. d. R. einen schuldausschließenden Rausch annimmt. Daher kann sich Max wegen der Trunkenheit nicht auf § 20 Strafgesetzbuch berufen.

Inwieweit allerdings noch andere Gründe für die Anwendung des § 20 Strafgesetzbuch sprechen, sei dahingestellt. Die gelegentlich jedoch geäußerte Ansicht, »Jäger könnten in ihren Revieren tun und lassen, was sie wollten, sie hätten schließlich den Jagdschein«, muß wegen der Gefahr unberechtigter Assoziationen und Schlußfolgerungen als unqualifiziert bewertet werden. Darauf hat insbesondere das Bundeslandwirtschaftsministerium in der bemerkenswerten Schrift »Das Über-Ich der Jäger« zu Recht hingewiesen.

Hinsichtlich der Schuldform ist nun zu prüfen, ob Max vorsätzlich oder fahrlässig gehandelt hat.

Vorsatz bedeutet Wissen und Wollen der Tatbestandsmerkmale. Hier scheinen zunächst Zweifel angebracht. Als nämlich Kaspar den Max auf den Steinadler weist, erwidert Max:

> ***»Bist du ein Narr oder glaubst du, ich bin's? Es ist ganz düster, der Vogel schwebt wie ein schwarzer Punkt in der Luft, wolkenhoch über der Schußweite!«***

Hier liegt ein schwieriges Schuldproblem vor. Direkter Vorsatz wäre nur gegeben, wenn Max den Steinadler nach Art eines »finalen Todesschusses« vom Himmel geholt hätte.

Eventualvorsatz liegt demgegenüber vor, wenn der Täter die Tatbestandsverwirklichung weder anstrebt noch für sicher hält. Er hält den »Erfolg« allenfalls für möglich und nimmt ihn billigend in Kauf.

Obwohl Max den Treffer für wenig wahrscheinlich hielt

> ***(»der Vogel schwebt wie ein schwarzer Punkt in der Luft«),***

indiziert die Schußabgabe in Richtung Adler eine Inkaufnahme der Tötung. Daß bei den *Freischütz*-Aufführungen gelegentlich der Schuß in Richtung Osten abgegeben wird, der Steinadler jedoch im

Westen vom Himmel fällt, vermag diese Feststellung nicht zu widerlegen.

Damit hat Max die Tatbestände der genannten Bestimmungen auch vorsätzlich verletzt.

Als Delikt mit der höchsten Strafandrohung kommt § 38 Bundesjagdgesetz für die Strafbemessung in Betracht. Kaspar könnte als Anstifter strafbar sein, soweit er gemäß § 26 Strafgesetzbuch einen anderen, im vorliegenden Fall den Max, vorsätzlich zu dessen vorsätzlich begangener rechtswidriger Tat bestimmt hat. Dafür findet sich im Libretto folgender Beweis:

> ***»Wie wär's, Kamerad, wenn ich dir noch heute zu einem recht glücklichen Schuß verhülfe«*** *und* ***»Mut! Mut!«*** *sowie* ***»Schieß!«***

Damit sind Max als Täter und Kaspar als Gehilfe wegen eines Schonzeitvergehens nach § 38 Bundesjagdgesetz strafbar.

Tatkomplex:
Munitionsherstellung und Umweltfrevel

Zum Hintergrund der Tat: Damit Max den Probeschuß vor dem Fürsten erfolgreich besteht, haben er und Kaspar um Mitternacht in der Wolfsschlucht ein Meeting vereinbart. An einer durch Schwarzholz, Wasserfall und verdorrte Bäume gut getarnten und selbst von Saison- und Kurgästen kaum auffindbaren Stelle ist von Kaspar eine Munitionsproduktionsstätte errichtet worden. Von örtlichen Zulieferbetrieben ist ein Quecksilber- und Bleidepot angelegt. Daß es sich bei der Betriebstechnik wahrscheinlich um eine gebraucht erworbene, veraltete Anlage handelt, ist rechtlich ohne Belang. Die Herstellung der Freikugeln als »Siebener-Pack« läßt auf das Modell »Berthold Schwarz« aus Freiburg i. B. schließen (Berthold Schwarz, Mönch, gilt als Erfinder des Schießpulvers und der Feuerwaffen und soll wegen dieser Erfindung 1388 zum Tode verurteilt und hingerichtet worden sein. Er spukt seit dieser Zeit in den *Freischütz*-Aufführungen unter dem Alias- und Decknamen »Samiel«).

Mittels dieser Technik produzieren Kaspar und Max in Fließbandarbeit die Freikugeln. Mangels automatischer Zählung werden die Stückzahlen laut registriert. In einer Aufführung, vergleichbar einer Schicht, bringen sie es immerhin auf sieben Kugeln.

Abgesehen von arbeitsrechtlichen Verstößen (z. B. verbotener Alkoholgenuß während der Arbeit, Nachtarbeit, Mangel an Schutzkleidung, Nichtbeachtung der Arbeitssicherheit), könnten sich Kaspar und Max wegen Taten nach dem

Szenenillustration zum zweiten Aufzug des *Freischütz* in einem Stich von J. G. A. Frenzel nach Heinrich Ramberg.

Waffengesetz und dem Strafgesetzbuch strafbar gemacht haben.

Waffenvergehen

Nach § 7 Waffengesetz bedarf u. a. der Erlaubnis, wer gewerbsmäßig Munition herstellen will. Zuständige Behörde ist in der Regel die Kreisordnungsbehörde. Samiel, Kaspar und Max besitzen keine Erlaubnis. Sie wäre ihnen auch nicht erteilt worden, da die Erlaubnis nach § 8 Waffengesetz zu versagen ist, wenn die Personen die erforderliche Zuverlässigkeit nicht besitzen. Das ist nach § 5 Waffengesetz u. a. der Fall, wenn die hergestellte Munition »mißbräuchlich« verwendet werden soll. Bei Freikugeln ist dies stets zu unterstellen. Daß Freikugeln hergestellt werden sollen, ist durch folgende Tatsachen bewiesen:

Samiel: ***»Was ist sein Begehr?«***
Kaspar: ***»Freikugeln sind's, auf die er Hoffnung baut!«***

Schließlich fehlt der Nachweis der Fachkunde nach § 9 Waffengesetz. Diese müßte bereits nach der Aktenlage angezweifelt werden, da z. B. der Gebrauch eines Adlerflügels wenig mit einer professionellen Munitionsherstellung zu tun hat.

Daß Kaspar als Betriebsleiter die Kugeln für den Unternehmer Samiel »gewerbsmäßig« herstellt, ist mehrfach durch Indizien im 5. Auftritt, 1. Aufzug belegt.

Nach alledem dürfte Kaspar nach § 53 des Waffengesetzes strafbar sein, weil er ohne die erforderliche Erlaubnis der Ordnungsbehörde Munition herstellt.

Der Tatbeitrag von Max ist schwierig einzuordnen. Er könnte Mittäter oder Gehilfe sein. Zwar beteiligt er sich nicht selbst unmittelbar an der Herstellung:

Kaspar: ***»Willst du selbst gießen?«***
Max: ***»Nein! Das ist wider die Abrede.«***

Dieser Absprache lag das Angebot von Kaspar zugrunde:

»Ich bin dein Freund, ich will selbst für dich gießen; aber dabei mußt du sein.«

Schließlich widerspricht Max auch nicht ausdrücklich, als Kaspar ihn bittet:

»Nur wenn du mich erzittern siehst, dann komm mir zur Hilfe«.

Damit leistet Max allein durch seine Anwesenheit beim Gießen einen psychischen Tatbeitrag. Da sein Handeln auf den Vorteil der Tat gerichtet ist (Besitz der ersehnten Freikugeln), sieht er die Tat Kaspars auch als »eigene« an. Damit ist er Mittäter nach § 53 Waffengesetz in Verbindung mit § 25 Strafgesetzbuch.

Diese Feststellung wird auch nicht durch die folgende Drohung Kaspars gegenüber Max zum Betreten der Freikugel-Betriebsstätte widerlegt:

»So bleib außer dem Kreise.«

Dieser Satz hat im übrigen durch die *Freischütz*-Übersetzung des Archimedes ins Lateinische den Rang folgenden geflügelten Wortes erlangt:

»Noli turbare circulos meos!«

Inwieweit darüber hinaus auch Samiel als Täter in Betracht kommt, muß die kriminalpolizeiliche Aufhellung des Dunkelfeldes ergeben.

So ist möglicherweise nicht auszuschließen, daß hier auch ein Fall organisierter Kriminalität vorliegt. Zum Gesamtkomplex der OK und zur Vertiefung wird empfohlen: Dagobert Lindlau, »Der Mob«.

Im vorliegenden *Freischütz*-Tatplan läßt sich die Annahme und Wahrscheinlichkeit eines organisierten Verbrechens aus dem Umstand ableiten, daß Kaspar den unerfahrenen Max zum Einsatzspektrum von Freikugeln in der Kriegsführung wie folgt aufklärt:

> ***»Da lernt man's doch besser unter dem Kriegsvolk. Ha! Ha! Wie kämen die Scharfschützen zurecht, die ihren Mann aus dem dicksten Pulverqualm herausschießen?«***

Die Befürchtung scheint deshalb begründet, daß Samiel und Kaspar auch Straftaten nach dem Kriegswaffenkontrollgesetz begehen, wenn sie Kriegswaffen herstellen und diese ausführen. Kriegswaffen sind solche Waffen, die in der sogenannten Kriegswaffenliste aufgeführt sind. Nummer 7 dieser Liste führt u. a. »Lenkflugkörper« auf.

Insoweit ist nach den großsprecherischen Bekundungen von Samiel und Kaspar durchaus die Besorgnis begründet, daß Freikugeln die Eigenschaft von Lenkflugkörpern besitzen könnten. Nicht ohne Grund bittet Kaspar den Samiel um die Tötung Agathe's mit einer Freikugel durch die Worte:

> ***»Aus seinem Rohr l e n k sie*** *(die Freikugel)* ***nach seiner Braut«.***

Für die Annahme einer Produktion von Lenkwaffen sprechen folgende Indizien aus dem 2. Aufzug, 6. Auftritt zu den Bauteilen des *Freischütz*-Waffensystems.

Kaspar zu Max:

> *»Merk auf, was ich hineinwerfen werde,*
> *damit du die Kunst lernst...*
> *Hier erst das Blei. –*
> *Etwas gestoßenes Glas von zerbrochenen*
> *Kirchenfenstern...*
> *Etwas Quecksilber! –...*
> *Das rechte Auge eines Wiedehopfes! –*
> *Das linke eines Luchses!«*

Fassen wir hinsichtlich der Bauteile zusammen: Quecksilber, Blei, Glas, Auge eines Wiedehopfes und Auge eines Luchses.

Das Blei bildet offensichtlich die Substanz für den Gefechtskopf der Freikugel als Bleimantelgeschoß, da dieses Metall seit jeher der Kugelherstellung nicht nur wegen seiner metallenen Eigenschaften dient, sondern auch und insbesondere wegen der funktionsgerechten Bezeichnung (chemisches Symbol des Blei ist Pb = Plumbum). Das aus dem »Plumbum« abgeleitete »Bum-Bum« ist historisch ein Synonym für alle Angriffswaffen – von Indianerspielen bis zum Tennis (»Bum-Bum-Boris«).

Das Quecksilber (chemisches Symbol Hg = Hydrargynum, Argentum vivum = lebendiges Silber) dient mit Sicherheit nicht der Bleilegierung zur Erreichung größerer Härten. Das wird üblicherweise mit Zinn, Antimon und Kupfer bewirkt. Vielmehr soll das Quecksilber das »Lenken« der Bleikugel sicherstellen. Diese Folgerung wird aus der Bezeichnung »queck« und den sprachlichen Ableitungen gezogen: queck – keck – quick, also munter, lebhaft, lebendig, rege. Insoweit stellen Kaspar und Max durch die konstruktive Einbeziehung des »lebendigen Silber« sicher, daß das

»träge« Bleigeschoß gewissermaßen »Quecksilber in den Hintern bekommt«. Ein raffinierter Plan!

Die Glasscherben haben keine selbständige Konstruktionsbedeutung. Kirchenfenster sind vielmehr aus Bleiglas hergestellt. Insoweit handelt es sich bei diesem Arbeitsvorgang lediglich um den Versuch einer Rückgewinnung von Blei.

Das rechte Auge des Wiedehopfes und seiner weiteren Ingredienzien schützen die Freikugel offensichtlich als Ablenktechnik vor gegenerischen Abschußsystemen. Die Freikugel dürfte damit sogar der »Patriot» widerstehen können. Nimmt nämlich die Freikugel über das Wiedehopf-Auge einen Angriff wahr, versprühen die Ingredienzien des Stinkvogels, Kotvogels, Upupa epops dünnflüssigen Kot zur Ablenkung. Raffiniert!

Das linke Auge des Luchses (auf dem rechten Auge ist er im übrigen blind) bildet das Zielverfolgungsradar, da sich das nachtaktive Scharfauge des Lynx insbesondere für Steuer- und Navigationsaufgaben eignet. Der Luchs ist schließlich dafür bekannt, daß »seiner Aufmerksamkeit nichts entgeht«.

Welch ein Plan! Mit diesem »Freeshooter-System« wäre der Freikugel-Gang Kaspar und Max auf dem internationalen Waffenmarkt ein ebenso großer Erfolg beschieden wie den Herstellern von »Scud« und »Patriot«.

Das Nähere muß allerdings die waffentechnische Untersuchung des Bundeskriminalamtes ergeben. Derzeit ist ausreichend, daß Samiel und Kaspar die Freikugeln als »lenkbar« deklarieren und diese wahrscheinlich in das Ausland verschieben.

Dieser Verdacht wird auch durch die als Chor getarnte Belegschaft erhärtet, die mit dem Gesang

»ho! ho! ho! ho! ho! ho! ho! ho!«

keinen »Ausruf des Erstaunens« (Duden) über die gelungene Kugelproduktion verkündet, sondern vielmehr die Abnehmer- und Vertriebsorganisation für die Freikugeln preisgibt; denn das HO steht eindeutig für die Handels-Organisationen in der ehemaligen DDR – wahrscheinlich für die »VEB-Freikugel« in Wandlitz.

Inwieweit durch solche Aktionen auch ein Verstoß gegen Außenhandelsrecht oder Waffenembargos der UNO (in Ansehung der Feststellungen des U-Boot-Ausschusses!) vorliegen könnte, ist nicht zu beweisen – allerdings auch nicht auszuschließen, da richtige Freikugeln zunehmend zu den begehrten Waffensystemen insbesondere der Staaten des halbmittleren Ostens gehören, woraus im Inland die sprunghafte Zunahme wehrtechnischer Betriebe in strukturschwachen Gebieten zu erklären ist.

Insoweit ist seitens der UNO geplant, die neue Kategorie der »F-Waffen« völkerrechtlich dem Komplex der ABC-Waffen zuzuordnen und in die multilateralen Abrüstungsverhandlungen einzubeziehen. Und das alles wegen Samiel, Kaspar und Max!!

Umweltvergehen

Die Errichtung einer Munitions-Produktionsstätte und ihr Betrieb dürften schädliche Auswirkungen auch auf die Umwelt haben, wenn dadurch Immissionen entstehen. Deshalb kommt diesem Handlungskomplex eine besondere, aktuelle und gesellschaftliche Bedeutung zu, auf die schon Lessing mit folgenden Worten hingewiesen hatte:

> *»Die Sprache der Natur, die in den Geschöpfen Gottes redet, nebst Vernunft und Gewissen ist allein die allgemeine Sprache, dadurch sich ein*

Gott allen Menschen und Völkern offenbaren kann.«

Diese Sprache der Natur wollen Kaspar und Max nicht verstehen. Sie sehen nicht die göttliche Offenbarung, sondern die Natur nur als »Höllenpfuhl«. Welche Verblendung gehört schon bei Max dazu, die urige Wolfsschlucht wie folgt zu bewerten:

»Ha! – Furchtbar gähnt
der düstre Abgrund, welch ein Graun!
In einen Höllenpfuhl zu schaun!«

Verständlich, daß Kaspar und Max bei einer derartigen Betrachtungsweise nicht »der Umwelt zuliebe« handeln (Öko-Tip im öffentlich-rechtlichen Fernsehen) und mit Sicherheit die Inkorporierung des Umweltschutzes als Staatszielbestimmung in das Grundgesetz nicht begrüßen würden. Das erleichtert ihnen ihre Handlungen gegen Natur und Umwelt in der Wolfsschlucht.

Es ist der Verdacht begründet, daß Kaspar und Max mit der Tat der Munitionsherstellung auch eine Tat nach § 325 Strafgesetzbuch (Luftverunreinigung) begangen haben, in dem sie beim Betrieb der Anlage unter Verletzung verwaltungsrechtlicher Pflichten Veränderungen in der Luft verursachen, die geeignet sind, außerhalb des zur Anlage gehörenden Bereichs u. a. die Gesundheit eines anderen zu schädigen.

Ohne Zweifel hat Kaspar dadurch eine »Anlage« als Minihochofen errichtet, in dem er damit beginnt,

»mit schwarzen Feldsteinen einen Kreis zu legen«.

Als Funktionseinheiten liegen bereit: Herd, Kohlen, Gießkelle, Kugelform und Adlerflügel.

Bei der Inbetriebnahme der Anlage werden Schwermetalle geschmolzen (Schmelzpunkt bei Blei 327,5 Grad C, bei Quecksilber 38,8 Grad C). Dadurch entstehen Dämpfe, die geeignet sind, die Luft zu verändern. Da sie beim Einatmen die Krankheiten »Saturnismus« und »Merkurialismus« verursachen können, sind die Handlungen geeignet, die Gesundheit eines anderen zu schädigen. Dabei ist rechtlich ohne Bedeutung, daß die Wetterlage in der Wolfsschlucht

> ***»Zwei Gewitter sind von entgegengesetzter Richtung im Anzug«***

die Wirkungen der Dämpfe mindern könnte.

Da Kaspar ohne eine nach § 4 Bundesimmissionsschutzgesetz erteilte Genehmigung handelt, hat er den Tatbestand des § 325 Strafgesetzbuch erfüllt.

Hinsichtlich der Teilnahme von Max gelten die bei der Munitionsherstellung dargelegten Bewertungen. Danach ist er strafbar wegen Beihilfe zu § 325 Strafgesetzbuch.

Nur der Vollständigkeit halber ist zu erwähnen, daß das Entfachen von Feuer in Wäldern einen Verstoß gegen waldrechtliche Vorschriften darstellt. Allerdings handelt es sich dabei lediglich um eine Ordnungswidrigkeit, die gemäß § 21 Ordnungswidrigkeitengesetz in einen Gesamtzusammenhang mit den begangenen Straftaten eingestellt und dadurch rechtlich verdrängt wird. Das ist bei Verstößen gegen Umweltschutzrecht nur zu bedauern.

Insoweit ist es schon schlimm genug, daß Samiel und Kaspar mit Wahrscheinlichkeit Freikugeln an kriegführende Völker verschieben. Daß sie allerdings entgegen der öffentlichen Diskussion offenbar kein Bewußtsein für die Umwelt entwickeln wollen und offensichtlich sogar eine Zerstörung der Wolfsschlucht in Kauf nehmen, ist gesellschaftspolitisch ein Skandal.

Der Umstand, daß das Bundesumweltministerium mit der aufsehenerregenden Dokumentation »Über den Zusammenhang von Borkenkäfer und Waldschäden« einen Nachweis erbracht haben will, daß zu 90% der Scolytidae und nur zu 0,5% Feuer im Wald an den Waldschäden beteiligt sind, kann das Verhalten von Kaspar und Max auch nach den Grundsätzen über den Verbotsirrtum nach § 17 Strafgesetzbuch nicht entschuldigen.

Insgesamt sind Kaspar und Max im Tatkomplex des Waffenrechts und des Umweltschutzrechts strafbar wegen

- verbotener Munitionsherstellung (§ 53 Waffengesetz)
- Luftverunreinigung (§ 325 Strafgesetzbuch).

Die mögliche Tat nach § 16 Kriegswaffenkontrollgesetz ist nach der Beweislage noch offen.

Ebenso soll nicht weiter vertieft werden, daß im Zusammenhang mit dem Adlerabschuß und der Munitionsherstellung auch ein Giftdelikt nach § 229 Strafgesetzbuch (Giftbeibringung) vorliegen und Auswirkungen auf die Schuldfähigkeit von Max haben könnte.

Gewisse Indizien für eine Gifttat durch Kaspar gegenüber Max gibt es im 1. Aufzug, 5. Auftritt. Danach tropft Kaspar

> ***»geschwind aus einem Fläschchen etwas in das für Max bestimmte Glas«***

und spricht für sich

> ***»So, Freundchen, da brauchst du wenig«.***

Dann füllt er das Glas mit Wein auf und

»reicht Max das Glas mit den Tropfen«.

Ob durch diese Handlung allerdings die Tat der Giftbeibringung erfüllt ist, wonach bestraft wird, »wer einem anderen, um dessen Gesundheit zu beschädigen, Gift oder andere Stoffe beibringt, welche die Gesundheit zu zerstören geeignet sind«, ist zweifelhaft, da sich über die Qualität der »Kaspar-Tropfen« als Gift kein Beweis führen läßt.

Wollte Kaspar bei Max nur dessen depressive Stimmung

»Mein Kopf ist ohnehin wüst genug«

dem Trend in der Gesellschaft folgend mit einem Tranquilizer dämpfen und ihn für das Agathe-Preisschießen positiv stimmen, ist der Tatbestand unter Umständen nicht erfüllt. Für diese »Tranquilizer-Version« spricht, daß Carl Maria von Weber diese Stelle musikalisch in »Tranquillo« (ruhig) unterlegt.

Im übrigen liegen keine Kenntnisse über die »Giftfestigkeit« (Resistenz) von Max vor, die allerdings in bezug auf Alkohol evident ist.

Tatkomplex:
Tötung Kaspars

Max könnte durch das Erschießen Kaspars wegen Mordes, Totschlags oder fahrlässiger Tötung strafbar sein.

Zum Hintergrund der Tat: Um den Probeschuß vor Fürst Ottokar erfolgreich zu bestehen und damit (endlich!) seine Agathe zu erobern, hatte Max mit Kaspar sieben Freikugeln produziert. Sechs davon stehen beiden Jägerburschen nach eigener Wahl zur Verfügung. Zur siebenten verspricht Kaspar seinem Boß Samiel:

> ***»Die siebente sei dein! Aus seinem Rohr lenk sie nach seiner Braut ...«***

Strafrechtlich ist bereits zu diesem Zeitpunkt § 30 Abs. 2 Strafgesetzbuch verletzt, wonach derjenige bestraft wird, der »mit einem anderen verabredet, ein Verbrechen zu begehen«.

Da die geplante Tötung von Agathe das Verbrechen des Mordes nach § 211 Strafgesetzbuch darstellen würde, sind Samiel und Kaspar bereits strafbar wegen Verabredung zum Verbrechen.

Max hat schließlich vier Freikugeln erhalten und davon drei zur Bewunderung der Jagdgesellschaft zielsicher verschossen. Ebenso viele hat Kaspar regelrecht verballert. Damit kann Samiel Flugbahn und Ziel der letzten Kugel bestimmen und diese, wie abgesprochen, auf Agathe richten.

Soweit, so Quatsch!

Möglicherweise ist die absurde Tatkonstruktion Grund dafür, daß der *Freischütz* neben dem *Lohengrin* die am häufigsten parodierte und verspottete Oper ist (der »Schreifritz« u. a.).

Der Grund dafür liegt bereits im Kind'schen Tatplan. Möglicherweise wegen Mangel an verbrecherischer Kreativität und Innovation, hat Kind die kriminelle Freikugel-Lenk-Dramaturgie ungeprüft einer Volkssage entnommen, die 1810 durch das »Gespensterbuch« von Apel und Laun verbreitet wurde.

Danach hat Kind den Taubenschuß voll übernommen. Lediglich die Namen wurden geändert: aus Käthchen wurde Agathe, aus Wilhelm der Max. Ebenso hat Kind den Ablaufplan der Tötung verfeinert und die Opferrolle geändert. Während in der Sage Käthchen von einer durch Samiel gelenkten Freikugel getötet wird, gelingt dies dem Samiel in der Oper nicht. Die auf Agathe gelenkte Kugel wird vielmehr durch himmlische Kräfte »umgelenkt« und rafft den Kaspar dahin. Diese Gegenlenkung hat Erbförster Kuno sofort erkannt:

»Er war von je ein Bösewicht!
Ihn traf des Himmels Strafgericht!«

Ist es denkbar, daß der Himmel über ein weltraumgestütztes SDI-Programm für die Ablenkung der auf reine Seelen gerichteten Freikugeln verfügt? Das kann angenommen werden; denn bereits Salomo/Luther verkündeten:

»Homo proponit, sed Deus disponit«.
»Der Mensch denkt, Gott lenkt«.

Was im Himmel möglich ist, gilt nicht ohne weiteres für Lenkungsmaßnahmen auf der Erde (Kaspar und Max) und in der Hölle (Samiel).

Der Erde-Hölle-Tatplan ist völlig absurd. Das »Lenken« einer Freikugel – das ist zwischenzeitlich doch bewiesen – kann ballistisch und technisch nicht möglich sein. In langjähriger wehrtechnischer

Erprobung und Untersuchung durch das Panzeraufklärungsbataillon 6 auf der Shilo-Ranch in Kanada ist diese theoretische Annahme auch in der Praxis des Flinten-Gefechtsschießens bestätigt.

Das liegt einerseits in der zu hohen Vo (sprich: Fau-null) begründet. Andererseits fehlt der zu Lenkwaffen gehörende Düsenantrieb. Hier liegt bei Kaspar und Max offensichtlich ein Mangel an Know how vor. Ihre Bemühungen beschränkten sich dementsprechend auf die Herstellung des konventionellen Gefechtskopfes mit einer Gießkelle. Mit derart grober Technik hätte nicht einmal Wernher von Braun ein Trägersystem bauen können.

Insgesamt steht damit wissenschaftlich fest: Flintenkugeln sind *nicht* lenkbar. Dem interessierten Leser wird zur Vertiefung dieser Erkenntnis folgende wehrtechnische Dokumentation des Bundesverteidigungsministers empfohlen: »Die Nichteignung einer Flintenkugel als Cruise missile«, Hefte für Wehrkunde.

Die mithin Samiel zugeschriebene Fähigkeit, Flintenkugeln zu »lenken«, muß vielmehr als typisches Imponiergehabe Samiels im Kalten Krieg mit dem Eremiten gewertet werden.

Damit stellt sich der Libretto-Tatplan selbst in Frage. Der Trick mit der angeblich lenkbaren Freikugel hätte das Tatgeschehen strafrechtlich völlig auf den Kopf gestellt. Samiel wäre der Buhmann gewesen, Max hingegen fein raus. An Indizien für diesen Verdacht mangelt es im Libretto nicht. So singt der Werkschor während der Kugelproduktion selbstbewußt und fast zynisch:

»Jaho! Wauwau!«

Zu deutsch: »Das merkt kein Hund!«

Irrtum! Jedes juristische Erstsemester hätte erkannt, daß im Fall einer gelenkten Freikugel die Form einer mittelbaren Täterschaft vorgelegen hätte, bei der Samiel die Tat durch einen anderen (nämlich Max) begangen hätte. Max wäre in diesem Fall im Juristen-Jargon als »absichtsloses doloses Werkzeug« von Samiel mißbraucht worden. Mit anderen Worten: Samiel hätte sich gewissermaßen als Hintermann des Vordermannes Max bedient – im juristischen Sinne natürlich!

Die Konstruktion, Samiel zum Mörder zu stempeln und damit das Publikum zu täuschen, findet eine untaugliche und naive Fortsetzung beim Probeschuß.

Fürst Ottokar zu Max:

> ***»Siehst du dort auf dem Zweig die weiße Taube? Die Aufgabe ist leicht. Schieß!«***

Max legt an. Da schreit Agathe:

> ***»Schieß nicht! Ich bin die Taube!«***

Kriminalistisch und juristisch ist das der entscheidende Satz im *Freischütz* überhaupt. Nur – bislang hat das niemand gemerkt. Historisch ist lediglich überliefert (vgl. Programmheft der Eutiner Sommerspiele, 34. Spielzeit, Seite 12), daß über diesen Satz wenigstens eine (!) Person nachgedacht hat. Als nämlich in einer Aufführung in England Agathe diesen Satz herausschreit, wandte sich ein Gentleman im Parkett zu seiner Frau und fragte diese halblaut: »Warum sagt sie, um Himmels willen, sie sei eine Taube?« Es ist nicht überliefert, daß es sich um Sherlock Holmes gehandelt hat. So oder so! Recht hat er!

Juristisch ist nun von entscheidender Bedeutung, wie Max den Ausruf von Agathe (»Ich bin die Taube«) aufgenommen und gewertet hat.

Szenenillustration zum dritten Aufzug des *Freischütz* in einem Stich von A. W. Böhm nach Heinrich Ramberg.

Hier sind hypothetisch zwei Theorien denkbar.

Zunächst konnte Max glauben, daß Agathe sich für den »mittelgroßen Vogel mit kleinem Kopf und kurzem Hals« hielt (vgl. »Das große Bilderbuch der Tiere«, aus dem Bertelsmann Verlag, Seite 437).

Kriminalistisch wäre das die sog. »Vogeltheorie«.

In diesem Fall mußte Max blitzschnell klar geworden sein, daß seine Angebetete möglicherweise schizophren sei. Sich für eine Taube zu halten, indiziert in der Regel eine endogene Psychose, bei der u. a. in bezug auf das Eigenbewußtsein die Grenze zwischen dem Ich und der Außenwelt aufgehoben ist – sogenannter »Kaiser von China« oder »Napoleon«-Effekt.

Dieser Umstand wurde übrigens auch dadurch nicht verschlimmbessert, daß sich Agathe als »Taube« und nicht – wie nach feministischen Gleichstellungstheorien eigentlich zu erwarten – als »Täubin« (weibliche Form von Taube) bezeichnete.

Ein solcher Defekt hätte natürlich auch schwerwiegende Folgen nach dem Eherecht ausgelöst. Denn nach § 18 Abs. 1 Ehegesetz ist eine Ehe nichtig, wenn u. a. »einer der Ehegatten zur Zeit der Eheschließung sich im Zustand der vorübergehenden Störung der Geistestätigkeit befand«. Deshalb bedurfte es der förmlichen Verehelichung mit all ihren Belastungen und Anstrengungen wie Aufgebot, Trauzeugen, Kutsche, Bewirtung der Gäste, Hochzeitsnacht, Flitterwochen und Unterhaltsverpflichtung überhaupt nicht mehr. So erschien seine frühere Klage:

> ***»Ach ich muß verzagen, daß der Schuß gelingt!«***

plötzlich in einem anderen Lichte. Es konnte auch

ein Fehlschuß sein. Insoweit erscheint nach dieser Theorie ein überzeugendes Motiv für einen vorsätzlichen Schuß auf »Agathe-Taube« durchaus fraglich. Wer ist schon gern mit einer Taube verheiratet! Soweit einige Männer ihre Ehefrauen liebevoll auch »Täubchen« nennen, läßt sich dieser Widerspruch nur aus dem Umstand erklären, daß ihre besonderen Vorzüge (u. a. Schnäbeln und Gurren) die weniger schönen biologischen Merkmale (kurze Beine, kurzer Hals) einfach kompensieren.

Aber, auch eine zweite Theorie ist durchaus denkbar. Danach hat Max den Ruf, »Ich bin die Taube«, nicht im Sinne der Vogel-Theorie, sondern nach der Wortbedeutung verstanden.

Eine Prüfung der sogenannten »Semantik-Theorie« ist daher geboten. Danach ist »Taube« (der, die) das Substantiv von »taub«. Sprachlich bedeutet taub
- nicht hören können,
- in bezug auf Körperteile ohne Empfindung sein,
- eine bestimmte, für die betreffende Sache charakteristische Eigenschaft nicht besitzen.

Insoweit erscheint möglich, daß Max durch das Tauben-Geständnis von Agathe plötzlich Bedenken hinsichtlich ihrer Eigenschaften als Frau gekommen sind. Womöglich war Agathe eine »taube Nuß«! Dabei hatte er sich bei ihrem sehnsüchtigen Ausruf:

»Wer bezwingt des Busens Schlagen?«

eigentlich eine handgreifliche Antwort vorgenommen.

Darüber hinaus mußte Max eine sogenannte »Taubheitsumkehrung« zugunsten Agathes befürchten. Schließlich besagt ein deutsches Sprichwort:

»Soll die Ehe lang bestahn,
sei blind das Weib und taub der Mann«.

Nun – welcher Theorie man sich persönlich auch zugeneigter fühlt: Max wollte die Taube plötzlich nicht mehr treffen; denn der erfolgreiche Abschuß der weißen Taube hätte den »Gewinn« einer Taub-Taube ausgelöst. Das mußte durch einen Fehlschuß vermieden werden! Also gab Max den Schuß nicht mehr auf die Taube, sondern nur noch grob in Richtung Taube auf den benachbarten Baum ab, in dem Kaspar herumturnte. Von der Kugel getroffen, stürzt Kaspar ab. Er stirbt wenig später mit einem Fluch gegen den Himmel.

Mord, Totschlag oder fahrlässige Tötung?

Wesentlich für die Beurteilung des Kausalverlaufs ist die Todesursache. War der Schuß tödlich oder hat sich Kaspar beim Abstürzen schlichtweg den Hals gebrochen, mit Diagnose Episthropheus?

Auf Befehl von Fürst Ottokar:

»Stürzt das Scheusal in die Wolfsschlucht!«

ist die Leiche von Kaspar beseitigt worden. Damit ist eine Leichenschau nach § 87 Strafprozeßordnung nicht mehr möglich. Die Todesursache bleibt offen. Aufgrund allerdings der Tatzeugen:

»Hier dieser ist getroffen,
der rot vom Blute liegt!«

wird von einer tödlichen Schußverletzung ausgegangen. Damit entfällt – worauf alle juristisch vorgebildeten Leser mit Spannung gewartet haben – eine strafrechtliche Auseinandersetzung über den Zusammenhang zwischen Kausalverlauf und Vorsatz.

Fahrlässige Tötung liegt nur vor, wenn Max den Tatbestand des Todes rechtswidrig und vorwerfbar verwirklicht hat, ohne die Verwirklichung zu erkennen. Dazu gehört das Element der Vorhersehbarkeit. Hätte danach Max den Kaspar nicht im Baum vermuten können, würde eine Fahrlässigkeitsprüfung durchaus angezeigt sein. Da alle Zuschauer den Kaspar jedoch im Baum herumturnen sehen, kann dieser Umstand dem Max nicht verborgen geblieben sein – außer das überraschende Geständnis von Agathe (»Ich bin die Taube«) hätte seine Pupillen verengt.

Bei dieser Annahme bleibt offen, ob Max nicht doch an einer Augenkrankheit leidet. Schließlich hatte er bereits im 1. Auftritt des 1. Aufzuges geklagt:

> ***»War ich denn blind?«***

Das Nähere muß ein augenärztliches Gutachten ergeben.

Fahrlässigkeit ist daher zu verneinen. Mord oder Totschlag als Vorsatztaten liegen nahe.

Daß Max den Kaspar vorsätzlich tötet, läßt sich eindeutig aus dem Libretto ableiten. Gewissermaßen zur Täuschung der vielen tausend Tatzeugen ist das Motiv versteckt im 5. Auftritt des 1. Aufzuges, also bewußt noch vor (!) der Pause untergebracht. Johannes Mario Simmel könnte Pate gestanden haben bei dieser Dramaturgie. Die (zunächst) unverfängliche Stelle lautet:

> ***»Kaspar, ich bitte dich, ich beschwöre dich!***
> *(er faßt ihn)*
> ***Kaspar, ich bring dich um!***
> ***Sag, was war das für eine Kugel?«***

Kriminologisch handelt es sich, wie jeder am Satzbau erkennen kann, um ein sogenanntes eingeschobenes Motiv, das aus einer banalen Einleitung, dem eigentlichen Motiv und einer noch banaleren Ausleitung zusammengefügt ist (vgl. Holmes/Watson, »Das eingeschobene Motiv in Theorie und Praxis der Detektive«, Originalausgabe London 1887, Übersetzung aus dem Englischen von Helmut Scheewe, 1987).

Damit hatte Max ein Motiv für die Tötung Kaspars. Mit an Sicherheit grenzender Wahrscheinlichkeit ist die Tat wie folgt abgelaufen:

Zunächst wollte Max die weiße Taube abschießen, um dadurch endlich seine Agathe zu besitzen. Schließlich war ein Leben ohne sie für ihn nicht vorstellber:

»Agathen entsagen, wie könnt ich's ertragen!«

Als diese jedoch das inzwischen berühmte Geständnis, eine Taube zu sein, ablegte, änderte Max spontan seinen Entschluß und wollte zur Täuschung lediglich einen Fehlschuß abgeben. Da entdeckte er den Kaspar im Baum. Die Rahmenbedingungen waren günstig. Die Tötung des ihm verhaßten Nebenbuhlers mußte jeder der Besucher für einen unglücklichen Zufall halten. Der Fehlschuß wurde insoweit zum »finalen Todesschuß«! Lesen Sie zur Vertiefung dieses aktuellen Problems: Dieter Schipper, »Der finale Rettungsschuß«, Deutsche Polizei 2/89, S. 24.

Mit dieser Handlung war Max ein »Doppelschlag« gelungen: die Abweichung vom gedachten Kausalverlauf ließ ihn einerseits ehelos und beseitigte andererseits zugleich den verhaßten Kaspar.

Hätten Sie dieses Ergebnis erwartet? Oder gehören Sie zu den Sympathisanten des Max mit dem Kurzzeitgedächtnis zwischen dem 1. und dem 3. Aufzug? Na?

Szenenillustration zum dritten Aufzug des *Freischütz* in einem Stich von Friedrich Wilhelm Meyer nach Heinrich Ramberg.

Damit ist Max des Totschlags nach § 212 Strafgesetzbuch schuldig. Mord nach § 211 Strafgesetzbuch dürfte ausscheiden, da es offensichtlich an dem Erfordernis der »niederen Beweggründe« dieser Vorschrift mangelt.

Gott sei Dank! Max ein Mörder? Bei einem derartigen Ergebnis hätten die Intendanten der Opernhäuser den *Freischütz* wohl bundesweit abgesetzt. Im übrigen gebietet schon der Respekt vor dem Komponisten Carl M. von Weber, den Mordvorwurf nicht weiter zu verfolgen.

Verfahrensrechtliche Probleme

Soweit die kriminalistische Lösung und rechtliche Bewertung der einzelnen Tatkomplexe möglicherweise doch nicht schlüssig sein sollten, könnte das auch im Libretto begründet sein. Deshalb werden nachstehend einige beweiserhebliche Textstellen des *Freischütz*-Tatplans auszugsweise wiedergegeben:

> ***»Sa! Hussa!***
> ***Uhui! Uhui! Uhui! Uhui! Uhui! Uhui! Uhui! Uhui! Uhui!***
> ***Jaho! Wauwau! ho! ho! ho! ho! ho! ho! ho! ho!«***

Daß das Ermittlungsergebnis trotz der überaus schwierigen Übersetzungsprobleme des Libretto (Sa, Ho, Hussa, Uhui, Jaho, Wau – einzeln, als Wortreihe, in Verbindungen sowie als Hexameter oder in freien Rhythmen) dennoch herausgearbeitet werden konnte, qualifiziert dieses Gutachten auch für eine Veröffentlichung in der »Juristischen Schulung« als durchaus und möglicherweise gleichwertig neben dem Anzeigenteil.

Immerhin – nach dem Ergebnis der Untersuchungen sind Samiel, Kaspar und Max als Straftäter überführt. Hinsichtlich der nun erforderlichen Strafverfahren gilt folgendes:

Ein Strafverfahren gegen Kaspar scheidet aus, da dieser tot ist.

Die Einleitung eines Verfahrens gegen Samiel scheint nicht frei von Rechtsbedenken, da Gegenstand rechtsförmlicher Verfahren nur ein Mensch sein kann. An dem »Mensch-Sein« von Samiel bestehen jedoch Zweifel, da seine Existenz in keinem

Standesamtsregister nachgewiesen ist. Völlige Gewißheit eines Mangels an stofflicher Menschlichkeit hat man neuerdings dadurch erlangt, daß ein gewisser Samiel selbst in den Dateien und Akten der Stasi nicht vorhanden sein soll. Damit ist der entscheidende Beweis seiner Existenzlosigkeit erbracht. Möglicherweise ist er auch nur eine »Unperson«, die – wie bei einigen Persönlichkeiten des öffentlichen Lebens – deshalb nicht mehr existent ist, weil sie von den Medien ignoriert wird.

Daß es sich nun bei Samiel, wenn schon nicht um einen Menschen, allerdings um den leibhaftigen Teufel handeln soll, ist unwahrscheinlich. Das Libretto weist Samiel aus

> ***»von beinahe übermenschlicher Größe, dunkelgrün und feuerfarb mit Gold gekleidet. Der große, mit einer Hahnfeder verzierte Hut bedeckt fast das ganze schwarzgelbe Gesicht«.***

Diese Beschreibung entspricht nun wahrlich nicht dem bislang einzigen Fahndungsbildnis des Teufels aus dem Dürer-Steckbrief »Ritter, Tod und Teufel«.

Es ist also davon auszugehen, daß es sich bei Samiel um den Fall einer nach § 132 Strafgesetzbuch straflosen »Teufelsanmaßung« handelt. Einen solchen Alleinvertretungsanspruch haben bislang viele Möchtegern-Teufel ohne Erfolg erhoben, darunter Mephisto, Luzifer und F. Teufel.

Damit ist Samiel weder Mensch noch Teufel. Er ist allenfalls »Wesen«, nämlich etwas, was sonst in bestimmter Gestalt (siehe obige Beschreibung) existiert.

Gegen »Wesen« kann nach der Strafprozeßordnung kein Verfahren eingeleitet werden, nicht einmal gegen »höhere Wesen«. Es bedarf grund-

Figurinen aus einer Berliner Aufführung des *Freischütz*, Samiel und Kaspar.

sätzlich der Hinzufügung »menschlich«. Daß Samiel in der Wolfsschlucht nachgewiesenermaßen sein »Unwesen getrieben hat«, ist verfahrensrechtlich ohne Bedeutung.

Damit geht Samiel straffrei aus. Inwieweit aus Gründen der Gerechtigkeit »Ausgleichsmaßnahmen« zu seiner Eliminierung erforderlich wären, muß geprüft werden. Ob sich allerdings alle Freunde und Förderer der Oper *Freischütz* künftig als Exorzisten betätigen sollten, würde der Bedeutung der Oper wohl nicht gerecht.

Strafzumessungsprobleme

Zuletzt bleibt nur Max dem Staatsanwalt vorbehalten. Nach dem Ergebnis der Untersuchung hat er nachfolgende Straftaten begangen:
– Schonzeitvergehen nach § 38 Bundesjagdgesetz
– Vergehen nach § 53 Waffengesetz
– Luftverunreinigung nach § 325 Strafgesetzbuch
– Totschlag nach § 212 Strafgesetzbuch.
Dadurch hat er eine Freiheitsstrafe zwischen acht und zehn Jahren verwirkt.

Entscheidend ist, welche Kriterien der Strafzumessung für Max beachtlich werden könnten.

Juristisch sind die Taten bewiesen. Selbst der rechtlich nicht vorbelastete Eremit sieht mit überzeugender Laienbewertung Max als einen Menschen,

»... der schwer gesündigt hat, ...«

Um so befremdlicher wirkt die falsche Selbsteinschätzung von Max:

»... schwach war ich, obwohl kein Bösewicht«.

Diese Selbstbeurteilung von Max berücksichtigt offensichtlich opferbezogene Neutralisationstechniken, mit denen der Täter die Tat vor sich selbst zu rechtfertigen sucht (vgl. Schwind, Kriminologie, 1986, 256).

Danach lehnt Max die eigene Verantwortung offensichtlich ab, d. h. er macht nicht sich selbst, sondern andere oder Umstände für sein Handeln verantwortlich. So empfindet er einerseits den Probeschuß als Last:

»Ach, ich muß verzagen, daß der Schuß gelingt!«

Andererseits sieht er die Ursache auch bei dem toten Kaspar:

> ***»des Toten Trug verlockte mich,***
> ***daß aus Verzweiflung ich vom Pfade***
> ***der Frömmigkeit und Tugend wich«.***

Darüber hinaus macht sich Max ein, sein eigenes Verhalten (vermeintlich) rechtfertigendes Fremdbild vom toten Kaspar. Diesem wird, wie jeder weiß, selbst von Erbförster Kuno ein schlechter Ruf nachgesagt:

> ***»Ich kenne dich längst. Du bist ein Tagedieb,***
> ***ein Schlemmer, ein falscher Würfler –***
> ***hüte dich, daß ich nicht noch***
> ***Ärgeres von dir denke«.***

Schließlich sieht Max das Opfer möglicherweise »entpersonalisiert«, gewissermaßen als »linke und rechte Hand des ›Teufels‹ Samiel«; denn spätestens beim Kugelgießen in der Wolfsschlucht mußte Max aus seiner Sicht das »Teufelswerk« erkannt haben. Kaspar:

> ***»Samiel, Samiel, hab acht!***
> ***Steh mir bei in dieser Nacht,***
> ***bis der Z a u b e r ist vollbracht«.***

Möglich erscheint insoweit, daß Max den Kaspar in der Weise »entpersonalisiert«, daß er ihn einer juristischen Person, z. B. »Samiels Freikugel GmbH & Co. KG« zuordnet und sein strafbares Handeln damit subjektiv nicht gegen eine natürliche, sondern juristische Person richtete, für deren Vertreter Kaspar steht.

Abgesehen von solchen Neutralisationstechniken könnte man Maxens Einschätzung, kein Bösewicht zu sein, natürlich auch vor dem Hintergrund des rechtswidrigen Verhaltens anderer und dabei höhergestellter Persönlichkeiten verstehen. So ist die Anordnung von Fürst Ottokar:

> ***»Stürzt das Scheusal** (den toten Kaspar)*
> ***in die Wolfsschlucht«***

ein Verstoß gegen die »Verordnungen über das Leichenwesen«, insbesondere hinsichtlich der Erfordernisse ordnungsgemäßer Leichenschau und Bestattung. Die vorgesehene Leichenschau hätte im übrigen auch Erkenntnisse darüber erbracht, daß der Kaspar »nicht eines natürlichen Todes gestorben ist« und die Pflicht ausgelöst, die nächste Polizeidienststelle unverzüglich zu benachrichtigen.

Auf derart rechtswidriges Verhalten anderer kann Max sich jedoch nicht berufen, da es keine »Gleichheit im Unrecht gibt«. Er muß vielmehr gegen sich gelten lassen, als Straftäter eingestuft und als solcher auch verfolgt zu werden.

Allerdings wird das Gericht im Rahmen der Strafzumessung nach § 46 Strafgesetzbuch eine Reihe von Strafzumessungstatsachen berücksichtigen müssen.

Gegen Max spricht u. a. der Eigennutz seines Handelns, über das Werben um Agathe auch auf die Planstelle von Kuno als Erbförster zu spekulieren und damit an seiner Karriereleiter zu basteln, was auch den Jägerkollegen nicht verborgen geblieben ist:

> ***»Das Glücksrädchen dreht sich wunderlich.***
> ***Läuft's so fort, kann er noch Landjägermeister werden«.***

Darüber hinaus wirkt strafschärfend ein hohes Maß an Pflichtwidrigkeit, als Forstbeamter in dem ihm zugeteilten Jagdbezirk selbst Straftaten zu begehen, für deren Verhinderung er eine Rechtspflicht besitzt.

Andererseits könnte gerade dieser Umstand vom Gericht strafmindernd bewertet werden, weil die häufig gegen Jäger vorgebrachte Behauptung, sich nur der Jagd und nicht der Hege des Wildes zu widmen, das Geschehen zu einer normalen Milieutat werden ließe. Dafür liefert das Libretto einen eindeutigen Beweis mit dem Chor der Jäger:

> ***»Was gleicht wohl auf Erden dem Jägervergnügen?***
> ***Wem sprudelt der Becher des Lebens so reich?***
> ***Beim Klange der Hörner im Grünen zu liegen;***
> ***den Hirsch zu verfolgen durch Dickicht und Teich.«***

Nur Jagd! Daß nach § 1 Absatz 1 Bundesjagdgesetz mit dem Jagdrecht natürlich auch »die Pflicht zur Hege« verbunden ist, haben Max und Co. bei der Jägerprüfung wohl nicht behandelt. Möglicherweise kommt dieser Umstand Max bei der Strafbemessung zugute.

Strafmildernd könnte auch der schlechte physische und psychische Zustand von Max zum Zeitpunkt der Straftaten wirken. Dafür gibt es folgende offenkundige Indizien, die die Beiziehung eines Psychiaters entbehrlich machen:

> ***»Ach, ich muß verzagen«*** *und*
> ***»Doch mich verfolget Mißgeschick«*** *und*
> ***»Mich faßt Verzweiflung«*** *sowie insbesondere*
> ***»Mein Kopf ist ohnehin wüst genug«.***

Hinzu kommt seine schlechte körperliche Verfassung:

> ***»Sind denn die Sehnen dieser Faust erschlafft?«***

In diesem Zusammenhang ist die Besorgnis

begründet, daß Max als Folge des Hantierens mit Quecksilber bei der Freikugelproduktion auch gesundheitliche Spätfolgen zu erwarten hat; denn das Libretto berichtet:

> ***»Die Masse in der Gießkelle fängt an zu gären und zu zischen und gibt einen grünlich-weißen Schein«.***

So deuten Maxens Schwäche-Symptome bereits auf Merkurialismus (Quecksilbervergiftung) in einer subakuten Erscheinungsform mit Übergangsrisiko zum chronischen Stadium hin, bei dem das Nervensystem betroffen ist.

Hinzu kommt, daß Max offensichtlich Alkoholiker ist. So widerspricht er Kaspars Bestellung für ihn nicht:

> ***»Wein! Wein! …***
> ***und koste es mich den letzten Heller, …«***

Daß dabei dem Schenkmädchen aufgegeben wird:

> ***»Laß ankreiden!«***

macht die Abhängigkeit vom Alkohol besonders deutlich.

Nach alledem wird Max nach dem Beamtenrecht mit einer vorzeitigen Versetzung in den Ruhestand rechnen müssen, da die für den Dienst eines Forstbeamten nötige Dienstfähigkeit infolge des Verfalls der geistigen und körperlichen Kräfte nicht mehr gegeben sein wird.

Das sieht offensichtlich auch Agathe so, die Max gegenüber Sorge, Hilfe und Anteilnahme bekundet:

> ***»Wieder unglücklich gewesen?«*** *und*
> ***»Steh nicht so in dich gekehrt«.***

Alles in allem deuten viele Indikatoren auf introvertiertes Verhalten, wenn nicht sogar auf eine manisch-depressive Veranlagung hin.

Strafmildernd könnte auch der Umstand sein, daß Max wohl als Vollwaise aufgewachsen ist. Das scheint belegt durch die Bemerkung des Erbförsters Kuno:

> ***»Ich bin dir wie ein Vater gewogen;***
> ***es freut mich, daß der Herr Fürst***
> ***Sohnesrecht auf den Eidam*** *(Schwiegersohn)*
> ***übertragen will«.***

Das Fehlen eines Vaters verhindert psychoanalytischen Theorien zufolge zwar die Entwicklung des »Über-Ichs«, aber auch die Willensentwicklung bzw. die Entwicklung der Kontroll- und Steuerungsfunktion (vgl. Bundesministerin a. D. Ursula Lehr, »Die Rolle der Mutter in der Sozialisation des Kindes«, 1978).

Das Libretto läßt allerdings offen, in welchem Erziehungsstadium Max Vollwaise wurde. Auf jeden Fall kann er sich noch an seine Mutter erinnern, als ihm in der Wolfsschlucht eine weiße Gestalt erscheint:

> ***»Was dort sich weist,***
> ***ist meiner Mutter Geist«.***

An seinen Vater kann sich Max demgegenüber nicht erinnern. Das ganze ist ihm ohnehin sehr peinlich, da sein Vater Gerüchten zufolge wegen Totschlags verurteilt und hingerichtet sein soll. Darüber findet sich im Libretto (2. Aufzug, 6. Auftritt) ein versteckter Hinweis, als Kaspar an Max gerichtet bemerkt:

> ***»So etwas sieht ein Gescheiter gar nicht!«***

Da Kaspar diese Einschätzung über Max nicht im

Sinne von »einen guten, praktischen Verstand besitzend, ein gutes Urteilsvermögen erkennen lassend« gemeint haben kann, muß »Gescheiter« eine Anspielung auf den Beruf des »Scheiters« haben, der in bewaldeten Gegenden besonders häufig war und dessen Aufgabe darin bestand, für den Fürsten Kaminholz in »Scheiteform« zu schlagen. Daraus entwickelte sich der qualifizierte Beruf des »Scheiteschleißers«, der aus Scheiten dünne Holzscheiben »schliß« – hochdeutsch: Holzspalter.

Möglicherweise kannte Max die Umstände, die im Dorf gerüchteweise über seinen Vater im Umlauf waren. Danach soll man vor Jahren im Wald der Wolfsschlucht einen Toten mit gespaltenem Schädel gefunden haben. Neben dem Opfer lag ein behandeltes, scharfkantiges Holzstück – offensichtlich das Tatwerkzeug.

Die ermittelnden Gendarmen suchten sofort den örtlichen Scheiteschleißer auf, bei dem es sich um Maxens Vater gehandelt haben soll.

Die Tat war schnell aufgeklärt, wie das in alten Akten gefundene Vernehmungsprotokoll ausweist. Von dem nachstehenden Inhalt dieses Protokolls müssen einige Mitarbeiter der Forstverwaltung, darunter neben Kuno auch Kaspar unter Verletzung der Grundsätze der Übermittlung polizeilicher Daten an andere als Polizeibehörden erfahren haben.

»Sag', Scheiteschleißer, hast du dieses Scheit geschlissen?«
»Nein, mich dünkt, daß es eines anderen Schleißers Scheit.«
»Nun, nach des Oberschleißers Rat weist dieses Scheit eines bestimmten Schleißers Schliß auf. Gib zu! Es ist dein Scheit!«

»Ja, nun erkenn' ich das Scheit an meinem Schlisse.«
»Führtest du auch den Schlag gegen den Unglücklichen in der Wolfsschlucht und schlissest den Scheitel ihm mit diesem Scheite?«
»Bewahre! Beim Scheit des Schleißers! Nimmer gebräucht ich ein Scheit derart schrecklicher Schleißung willen! Das ist wider die Schleißehre der Scheiteschleißer!«
»Lüg' nicht! Das Scheit überführt dich; denn an ihrem Scheite sollt ihr sie erkennen.«
»Ja, am Scheite hängt doch alles! Und so gestehe ich, der Scheiteschleißer, schuldig zu sein des Schleißens an dem Unglücklichen mit einem Schleißescheit.«
»Wie war der Ablauf der Schleißetat?«
»Er, der Lebensmüde, hatte Angst vor dem Gift und dem Strick und bat mich, an ihm die Vornahme einer Schleißung zur Durchführung gelangen zu lassen. Und so begab ich mich zur Wolfsschlucht, das Scheit im Gewande und eingedenk seiner Worte: ›Ich bitte dich, Scheiteschleißer, um die Gnade des Scheits. Gib mir den letzten Schliß!‹ – Und so führte ich mein schleißigstes Scheit auf seinen Scheitel, Schliß um Schliß.«
»Wie waren seine letzten Worte?«
»Er bedankte sich mit den Worten: ›Jetzt fühle ich mich so richtig geschlissen. Nur dem Unglücklichen schlägt ein Scheit.‹ – Dann verschied er.«
»Scheiteschleißer, nimmermehr sollst du Scheite schleißen und schleißen mit dem Scheite; denn dein harrt der Scheiterhaufen aus geschlissenen Scheiten.«

Das war das unrühmliche Ende von Maxens Vater. Jedenfalls munkelte man entsprechend im Dorfe.

Insoweit ist verständlich, daß Max in bezug auf seine Herkunft irritiert ist, vor allem bei den Wortspielereien »vom Scheiter zum Gescheiten«.

Dabei darf jedoch nicht übersehen werden, daß dieser Umstand für ihn auch eine positive Bedeutung bewirken könnte. Würde die Tötung Kaspars im Lichte »angeborener«, d. h. genetisch bedingter Verbrechensveranlagung gesehen werden, die die Tat im Sinne von Determinismus durch innere (Vater-)Ursachen gewissermaßen vorbestimmt erscheinen ließe, wäre Max fein raus.

So gesehen könnte er sich bei S. Freud bedanken, weil dessen Persönlichkeitsmodell entsprechend »der Mensch als kriminelles, d. h. sozial nicht angepaßtes Wesen auf die Welt kommt«. Allerdings ist nach Schneider, H. J., Kriminologie, 1977, 43: »Kriminalität ... kein ›Geburtsfehler‹, sondern ein Erziehungsdefekt.«

Möglich erscheint insoweit, daß von seiten der Eltern ein erheblicher Druck auf Maxens Erziehung ausgeübt worden ist, der eine Ursache im sozialen Stand gehabt hat. So könnten Maxens Eltern seinen Entwicklungsprozeß in der kindlichen Phase und darüber hinaus weitgehend bestimmt und die elterliche Erwartungshaltung eingebracht haben, »was aus ihrem Max einmal werden soll«. Möglich erscheint deshalb, daß die Eltern im Sinne der »narzißtischen Projektion« Max mit der eigenen Person verwechselt haben, indem sie ihm eine Rolle aufdrängten, die sie gern gespielt hätten. Und das konnte nur der soziale Status des »Jägermeisters« im Beamtenverhältnis gewesen sein (Pensionsanspruch). Also: Sohnemann Max als ein »Substitut des idealen Selbst« (vgl. Richter, H.-E.: »Eltern, Kind und Neurose«, 1983).

Auf dieses Statusproblem deutet im übrigen auch die Namensgebung hin. Schließlich ist »Max« die Kurzform von Maximilian, der wiederum von Maximinus abgeleitet ist und römischen Kaisern vorbehalten war. Max also ein »Kaiser der Wälder«? Diesem Erwartungsdruck war er nicht gewachsen. Schließlich hat es der legendäre Luis Trenker nur zum »König der Berge« gebracht.

Diesen möglichen Zwiespalt offenbarte auch Mäxchens Blick auf die denkbaren Beförderungsämter der Forstlaufbahn einerseits und den von ihm erreichten Stand andererseits. Die Aufstiegsleiter sah vor: Jagdanwärter, Jägerbursche, Jagdgehilfe, Jagdbeauftragter und Jägermeister als Ämter des mittleren Dienstes. Erst das zweite Amt von den fünf möglichen Ämtern hatte er erreicht. Ein mühsamer Aufstieg allein im mittleren Dienst stand ihm noch bevor. Von der gehobenen Laufbahn ganz zu schweigen.

Was Max blieb, war objektiver Einschätzung nach, nur die laufbahnunabhängige Einstufung als »doller Max« oder »strammer Max« im grünen Maxi-Look.

Strafmildernd könnte desweiteren sein Verhalten nach der Tat wirken. Schließlich hat er die Ermittlungen zu keinem Zeitpunkt erschwert und gegenüber dem Fürsten ein Geständnis mit den Worten abgelegt:

> ***»... vier Kugeln, die ich heut verschoß,***
> ***Freikugeln sind's, die ich mit jenem goß«.***

Zu möglichen Vorstrafen erfahren wir vom Eremiten als Auskunft aus dem Zentralregister und sonstigen Dateien der Polizei, daß Max bisher

> ***»... stets rein und bieder war ...«.***

Die Frage allerdings, woher der Eremit diese Erkenntnise hatte, wirft straf- und datenschutzrechtliche Probleme auf. Sollte der Eremit als Hacker fremde Datenbänke geknackt haben, könnten durch ihn Straftatbestände verletzt sein, denn § 41 Abs. 1 Nr. 2 Bundesdatenschutzgesetz bedroht denjenigen mit Strafe, der ... »geschützte personenbezogene Daten abruft oder sich aus Behältnissen verschlossener Dateien verschafft«.

Andererseits kann der Eremit seine Erkenntnisse über fehlende Vorstrafen auch aus einem ihm zugänglich gemachten Führungszeugnis gewonnen haben.

Im Interesse des insgesamt versöhnlich auftretenden Eremiten sollte man dieses Problem nicht weiter vertiefen. Im übrigen würde die Tat ohnehin nur auf Antrag von Max verfolgt werden.

Letztlich wird für Max nicht ohne Bedeutung sein, daß er Besserung verspricht und damit selbst einen Anteil an seiner Resozialisierung leisten will:

> ***»Die Zukunft soll mein Herz bewähren,***
> ***soll heilig sein mir Recht und Pflicht!«***

Strafmilderung erscheint insoweit geboten. Nur – die Tat bleibt und schreit förmlich nach Verfolgung.

VERFAHRENSAUSGANG

Angesichts dieser Taten des Max überrascht der Schluß des *Freischütz* jeden Prozeßbeobachter; denn Max wird durch eine große Geste Ottokars eine Art Freispruch zuteil:

> ***»Drum ehrt es Fürsten, zu verzeihn!«***

Eine »Begründung« hat Ottokar schnell zur Hand:

> ***»Wer rein ist von Herzen und schuldlos im Leben,***
> ***darf kindlich der Milde des Vaters vertraun!«***

Wie bitte? Max schuldlos im Leben? Keine Ermittlungen? Keine Hauptverhandlung? Keine Anklage? Kein Urteil? Und das bei der durch diese Untersuchung aufgezeigten Beweislage! Wird hier das Recht zugunsten von Max gebeugt?

Denkbar erscheint, daß Fürst Ottokar zu spät offenbar wurde, daß er gegenüber Max möglicherweise als »Agent provocateur« dessen Tat ausgelöst hat. So könnte sein fürstlicher Befehl:

> ***»Siehst du dort auf dem Zweig die weiße Taube?***
> ***Die Aufgabe ist leicht. Schieß!«***

in mehrfacher Hinsicht verwerflich oder völlig unverständlich sein. Eine »weiße Taube« abzuschießen, mißachtet nicht nur die Taube als Symbol des Friedens im 1. Buch Mose 8, 11, sondern irritiert auch die gesamte Kultbewegung »La paloma blanca« von Hans Albers bis Julio Iglesias!

Vielleicht war die weiße Taube gar keine Taube, sondern nur eine Möwe, die als »geselliger Vogel« natürlich einen viel geringeren mythologischen Wert hat, und deshalb häufig geringgeschätzt wird, wie z. B. in den Galgenliedern von Christian Morgenstern:

»Die Möwen sehen alle aus,
als ob sie Emma hießen!«

Auf eine solche peinliche Verwechslung hätte sich ein Fürst, dessen Hobby zudem die Jagd ist, nicht berufen können. Deshalb, und weil ein »Schießbefehl« im übrigen Assoziationen in der Öffentlichkeit hinsichtlich der ehemaligen DDR auslösen würde, mußte Ottokars unglückliche und mißverständliche Anordnung augenblicklich durch eine Art Begnadigung des Max kompensiert werden. Der zustimmenden öffentlichen Meinung konnte er gewiß sein, denn das Libretto berichtet:

»Heil unserm Herrn, er widerstehet nicht
dem, was der fromme Klausner spricht!«
(Antrag des Eremiten auf Freispruch, der Verf.)

Insoweit erfährt Max im Sinne einer »höheren Weltordnung die göttliche Gnade« und bleibt wider Erwarten völlig straffrei!

Das muß allerdings aus Gründen der Generalprävention und damit der Inneren Sicherheit abgelehnt werden.

Ursprünglich hatte Fürst Ottokar wenigstens eine Landesverweisung erwogen:

»So eile, mein Gebiet zu meiden,
und kehre nimmer in dies Land!«

Diese Landesverweisung wäre allerdings nicht gerechtfertigt gewesen, weil derart schwere Rechtseingriffe gegen die KSZE-Schlußakte verstoßen. Folglich müßte Max als Staatenloser von anderen Ländern als richtiger, echter, wirklicher, tatsächlicher, wahrhaftiger und begründeter Asylant selbst im Sinne der sogenannten »Stoiber-Doktrin« anerkannt werden, weil die Begründung der fürstlichen Landesverweisung unmißverständlich die Folgen androht:

»Dein harrt der Kerker, kehrst du je zurück!«

Richtiger wäre statt dieser Spontanverweisung ein Gerichtsverfahren angezeigt. Um mögliche Nachteile einer Isolationshaft bei Wasser und Brot während der Untersuchung zu mindern, würde wohl der wortkarge Kieler Abgeordnete F. L. mit einer Mettwurst helfen. Die Popularität dieses Mannes würde für Max mehr als eine anwaltliche Vertretung sein, denn

»Was Ottokar unter den Fürsten,
ist Fritz Latendorf mit seinen Würsten«.

Theoretisch wäre darüber hinaus aus präventiven Gründen auch ein künftiges Verbot von *Freischütz*-Aufführungen denkbar.

Das wiederum wäre im Verhältnis zu Bayreuth mehr als unbillig. Solange dort der Strahlemann Siegfried auftreten darf, obwohl er im »Ring des Nibelungen« mit der Tierquälerei gegenüber dem Drachen nach § 17 des Tierschutzgesetzes, Totschlag zum Nachteil Mimes nach § 212 Strafgesetzbuch und Entführung Brünnhildes nach § 237 Strafgesetzbuch ebenso schwere Straftaten verübt und ein Strafmaß so zwischen fünf und zehn Jahren verwirkt hat, soll sein Waldgängerpendant Max nicht schlechter gestellt sein.

Dem steht auch nicht entgegen, daß Siegfried tatsächlich ermordet und dadurch eine Strafverfolgung entbehrlich wird.

Demgegenüber lebt Max weiter. Wegen der vielen Festivals stets auf der Flucht vor den Staatsanwälten von Lübeck bis Dresden, weil er wegen der Rechtsbeugung durch Ottokar stets mit einer Wiederaufnahme des Verfahrens rechnen muß.

Ausblick

Es mag schließlich für Max Strafe genug sein, daß er aus Dankbarkeit gegenüber dem fürstlichen Straferlaß zuletzt doch noch die Ehe mit Tauben-Agathe eingeht. Niemals hätte er Ottokars Anerbieten:

»Dann knüpf ich selber euer Band!«

ausschlagen können. Seine ganze Verzweiflung über die derart begründete Ehe drückt das berühmte Rezitativ eindrucksvoll (und so richtig zum Mitsingen) aus:

»Nein, länger trag ich nicht die Qualen,
die Angst, die jede Hoffnung raubt!«

Bei dieser Seelenlage und dem Zwiespalt der Gefühle kann die Ehe von Max und Agathe nicht lange bestehen.

Möglich erscheint, daß die Gründe auch in der Sexualität liegen. Diese Annahme stützt sich auf Theodor W. Adorno, Bilderwelt des Freischütz: »Im Geist des Werkes vermittelt zwischen Stube und Vorwelt das Geschlecht. Das Schicksal Agathens, der Figur gewordenen Kavatine, enthält eine unaufgelöste Sexualsymbolik, und eben ihr Gekapptes, Unkenntliches – der Schuß steht für die Defloration – schafft das überschattete Geheimnis, ...«

Diese unaufgelöste Sexualsymbolik macht das Libretto in der Fremdeinschätzung der Personen Agathe und Max an verschiedenen Stellen deutlich:

Für Kaspar ist der jungfräuliche Zustand von Agathe ein Tatbestand:

»Jungfer Agathe soll leben!«

Ähnlich trauen die Mädchen des Dorfes Max als Liebhaber nicht viel zu, denn

»aushöhnend, mit den Fingern auf Max deutend«

singen sie

»Hehehehehehehehehehe«.

Dadurch ist Max

»beschämt und verzweifelnd«

weil das »He« einen Zuruf der Aufmerksamkeit im Sinne von »komm mal her!« bedeutet. Seine Passivität indiziert, daß er wohl nicht der selbsternannte »stramme Max«, sondern doch nur ein schlapper Moritz ist. Max träumt zwar von einer Beiwohnung Agathens mit der bekannten bayerischen Fensterl-Methode,

»Jetzt ist wohl ihr Fenster offen, ...«

handelt jedoch nicht, was Agathe mit bitterer Enttäuschung gegenüber ihrer Freundin Ännchen mit der Feststellung beklagt, daß ihr

»... Brautstand nicht ganz kummerlos«.

Aber auch Agathe befindet sich in einem Zwiespalt von Hoffen und Können. Einerseits wartet sie sehnsüchtig auf ihren Max:

»Dein Mädchen wacht noch in der Nacht«.

Andererseits muß sie gegenüber Max einräumen:

»Bist du unzufrieden mit mir?«

Mit »steigender Verlegenheit« antwortet Max:

»Wie könnt' ich – Ja denn!«

und bestätigt damit die unaufgelösten Sexualprobleme.

Die Gründe dafür könnten in der Unfähigkeit von Max und Agathe liegen, die körperlichen Signale des anderen richtig zu verstehen und Chancen besser zu nutzen. Insoweit wäre als Hochzeitsgeschenk die Anleitung von Erika Berger, »Körpersprache der Erotik«, besonders zu empfehlen.

Andererseits können die partnerschaftlichen Probleme auch in der aktuellen Diskussion über die Rolle des Mannes in der Ehe begründet sein, der sich nach den Thesen von Wilfried Wieck (»Wenn Männer lieben lernen«), aus der Abhängigkeit der Frau lösen und sich neue männliche Lebensperspektiven erschließen soll, die auch in Männerfreundschaften liegen können.

Hätte Max die diesbezüglichen Signale von Kaspar erwidert, würden beide heute in einer von der Gesellschaft zunehmend akzeptierten Gemeinschaft leben und Max die Ehe mit Agathe erspart sein.

Es ist völlig unverständlich, daß Max bei diesen Erkenntnissen die Signale Kaspars nach einer Männerehe mit Max nicht verstanden hat:

> ***»Um dir ganz meine Freundschaft zu beweisen . . .«***
> ***»Bist du verwirrt vor Freunden?«*** *(Er umarmt ihn).*

Und unter Tränen ergänzt Kaspar im Selbstgespräch:

> ***»Schäme dich, rauher Weidmann, daß du ihn*** *(Max)* ***mehr liebst als er sich selbst«.***

Damit steht fest: Hätte Max eine größere Sensibilität für erotische Körpersprache gehabt, würde Kaspar noch leben. Die Handlung wäre ganz anders abgelaufen und hätte dieses Gutachten im Interesse des Lesers völlig überflüssig gemacht.

Zudem hätte er damit Agathe eine Hoffnung auf sexuelle Selbstbestimmung (nicht zu verwechseln mit »informationeller« Selbstbestimmung nach der epochalen Entscheidung des Bundesverfassungsgerichts!) eröffnet, die sich bereits früh in einer Zuneigung zu Ännchen zeigt. Ansätze zu durchaus lesbischem Verlangen verrät der Dialog zwischen Ännchen und Agathe:

> ***»Es wird ohnedies Zeit, sich auszukleiden.«***
> ***»Tue das, liebes Ännchen!«***
> ***»Aber dann laß uns auch zu Bette gehn!«***

Möglich ist, daß es sich nach Erkenntnissen von A. C. Kinsey nur um eine temporäre Homosexualität handelt und es Max gelingen wird, Lesbe Agathe »zur Heterosexualität zu bekehren« (Spiegel 37, 1974, 62).

Insgesamt: schlechte Eheaussichten für Max und Agathe.

Um Maxens Seelenlage und seine Vortaten noch bewußter zu machen, sollten die *Freischütz*-Aufführungen künftig ohne die verschleiernde und verharmlosende Musik in C-Dur 4/4 stattfinden.

Inwieweit sich aus einer solchen Maßnahme auch noch ein wirtschaftlicher Vorteil ergäbe, soll nicht weiter vertieft werden, da Kostendämpfungs-Überlegungen im Kulturwesen nicht Gegenstand strafrechtlicher und kriminalistischer Beurteilung sein können.

Allerdings müßte bedacht sein, daß solcherart »musikloser *Freischütz*« im Widerspruch zu der nachfolgenden Einschätzung des Komponisten Carl M. von Weber stünde

»Mit der göttlichen Tonkunst läßt sich mehr ausdrücken und ausrichten als mit Worten.«

Diese Aussage muß bezweifelt werden, da – wie nachgewiesen – der Höhepunkt der Oper mit dem Tod Kaspars nicht durch Musik, sondern durch das Sprechkommando: »Schieß!« ausgerichtet worden ist. Eine andere Beurteilung ergäbe sich nur dann, wenn Carlchen von Weber – wie in der Einleitung des 3. Aufzuges – diese entscheidende Textstelle auch mit »Molto vivace«, D-Dur 2/4, unterlegt hätte. Da gesungener Text in der Oper grundsätzlich nicht verstanden wird, hätte der Schießbefehl auch nichts »ausgerichtet«.

Denkbar wäre allerdings auch, die Oper einfach abzukürzen und nicht den »Taubenschuß« in den Mittelpunkt zu rücken, sondern getreu der deutschen Sage den wilden Jäger (Samiel, Sirocco oder wie sie alle heißen mögen) aufzuwerten, der selbst Ännchen ängstigt:

»Der wilde Jäger soll dort *(in der Wolfsschlucht)* **hetzen«.**

Als das Beispiel eines gekürzten *Freischütz* gilt die nachfolgende Romantische Oper »Der wilde Jäger« von Franz Grillparzer (1822):

Waldschlucht, Finsternis, daß man seine Hand nicht sehen kann. Unaufhörlicher Donner. Mißtöne aller Art. Vier Teufel mit feurigen Augen hängen als Laternen an den Kulissen.
Sirocco der wilde Jäger tritt unter Donner und Blitz auf; er bleckt die Zähne und brummt gräßlich.
Sirocco: Uh – Uh – Uh – Uh – Uh. (Donner)
Sirocco (fährt fort): *Mord, Tod, Gift, Dolch,*

Hölle, Teufel. (Verstärkter Donner)
Sirocco: Abrakadabra. Hokuspokus. Gottseibeiuns, erscheine!
(Vierzig Violons streichen in Unisono unaufhörlich.)
Erscheine!
(Zwanzig Pauken sekundieren.)
Erscheine!
(Entsetzlicher Donnerstreich.)
Er kommt nicht?
(Er erblickt den getreuen Eckart, der auf der Erde liegt.)
Ha, du bist schuld, daß mein Herr und Meister nicht erscheint!
(Er schlägt ihm mit einem Prügel sehr stark auf den Kopf. Eckart schreit entsetzlich.)
Doch ich rieche seine Annäherung.
(Ein unerträglicher Gestank verbreitet sich im Theater.)
Höre mich, Schrecklicher!
(Zehn wilde Stiere laufen übers Theater.)
Entsetzlich! Uh!
(Fünfzig Grenadiere treten auf, laden ihre Gewehre mit Kugeln und zielen damit aufs Publikum und setzen damit diejenigen, die sich noch nicht fürchten, in wirkliche Furcht. NB. Vorher werden alle Ausgänge versperrt.)
Hiermit lästere ich Gott, verfluche mich selbst, ermorde mich, verdamme mich, alle, alles.
(Die letzte Galerie fällt unter schrecklichem Gekrach ein, die Gequetschten schreien entsetzlich.)
Es ist vollbracht.
(Hinter der Kulisse bricht Feuer aus. Donnerschlag. Der Vorhang fällt.)

Da über eine solche *Freischütz*-Aufführung selbstverständlich nicht im Kultur-Magazin »Aspekte« des ZDF, sondern an exponierter Stelle der »Tagesschau« im Ersten berichtet würde, wäre damit die Eingangsbewertung bestätigt, daß es sich beim *Freischütz* in Wahrheit um einen Fall der inneren Sicherheit handelt.

Im Interesse der Öffentlichkeit und der *Freischütz*-Fans könnte diesem Eindruck nur durch eine Entkriminalisierung der Handlung und völlige Neufassung der Oper begegnet werden, deren bereinigter und gekürzter Inhalt auf jeder Eintrittskarte wie folgt Platz hätte:

Der Freischütz

Romantische Oper in einem Auftritt
von
Friedrich Kind
bearbeitet von
Dieter Schipper
Musik
Carl Maria von Weber

Chor feiert den Schützenkönig Kilian:

Viktoria! Viktoria! Der Meister soll leben.

Kilian zum unterlegenen Jägerburschen Max:

Darf ich Eure Gnaden
's nächste Mal zum Schießen laden?

Erbförster Kuno zu Max, nüchtern dessen Chancen für den Probeschuß um Agathe abwägend:

Leid oder Wonne
beides ruht in deinem Rohr.

Max in Sorge, daß er das Preisschießen um Agathe nicht gewinnen könnte:

Ach, ich muß verzagen,
daß der Schuß gelingt.

Jäger ermuntern Max:

O, laß Hoffnung dich beleben
und vertraue dem Geschick.

Fürst Ottokar ermuntert Max zum Probeschuß:

Siehst du dort auf dem Zweig die weiße Taube?
Ich geb' die Taube frei, Schütz.
Nun schieß dein Liebchen frei, Schütz!
Doch steckt in dir ein Freischütz,
sollst nicht mehr sein frei, Schütz!

Max zaudernd und im Zwiespalt der Gefühle:

Ich bitte, der Umwelt zuliebe,
daß der Probeschuß unterbliebe.

Fürst Ottokar zum Eremiten:

Sprich du sein Urteil; deinen Willen
will treulich ich erfüllen.

Eremit mit erhobenen Händen:

Es finde nie der Probeschuß mehr statt.

Fürst Ottokar nett zu den Brautleuten Max und Agathe:

Nun knüpf ich selber euer Band!

Alle erleichtert:

Ja, laßt uns die Blicke erheben
und fest auf die Lenkung des Ewigen baun!

* * *

Mit dieser sensationellen Fassung wären alle Probleme um den *Freischütz* beseitigt. Die gewonnene Kürze der Oper würde überdies die Gestaltungsmöglichkeiten der Intendanten erweitern, z. B. durch ihre Einbeziehung als Pauseneinlage zwischen den Kurzopern »Cavalleria rusticana« und »Bajazzo«.

Es sind jedoch Zweifel angebracht, ob angesichts des Beharrungsvermögens in der deutschen Kulturszene solche Vorschläge etwas bewirken könnten.

Fügen wir uns deshalb ins Unvermeidliche!

Auf zum nächsten *Freischütz* mit Musik, wo wieder die Büchsen knallen, Umweltfrevel begangen und ein Mensch getötet wird. Anders ausgedrückt: *Freischütz* und kein

Ende

Steckbrief

Gesucht
wegen Totschlags, verbotener Munitionsherstellung, Jagdvergehens und Umweltvergehens
wird der

Jägerbursche Max
Familien-/Nachname unbekannt
Künstler-/Aliasname: Freischütz

Max wird beschuldigt, in der Wolfsschlucht und ihrer Umgebung die vorstehenden Taten wiederholt begangen zu haben.

Es besteht Wiederholungsgefahr an Orten mit Opernhäusern.

Das Phantombild zeigt den Gesuchten nach Zuschauerangaben.

Der Gesuchte

befindet sich im heiratsfähigen Alter

sieht gesünder aus als er ist (hat Merkurialismus)

hat wegen erschlaffter Sehnen einen schlappen Händedruck

tritt im Weidmann-Look auf

führt eine weiße Taube mit

verständigt sich meist durch Singen (in Jodelform oladiöh)

ist wenig selbstbewußt,
unsicher gegenüber
Frauen

hält sich häufig in
Festivalorten auf

auffälliger »Waldläufer-
gang«

Vorsicht, führt Schuß-
waffe!!

droht mit »Lenkku-
geln«, die jedoch falsche
Ziele treffen.

Zur Mitfahndung werden insbesondere Opern-intendanten und Ungarnreisende gebeten, da nicht ausgeschlossen ist, daß der Verdächtige sich nach Ungarn abgesetzt hat und dort sein Unwesen treibt – wie die nachstehend abgebildete Fahndungsbriefmarke der Ungarischen Post ausweist.

Für Hinweise, die zur Ergreifung des Max führen, werden als Belohnung 2 Opernkarten (3. Rang) für den *Freischütz* ausgegeben.

Die Staatsanwaltschaft bei dem Landgericht Lübeck.